放射性物品运输安全管理条例

释　义

国务院法制办公室农林城建资源环保法制司
环境保护部政法司、辐射源安全监管司　　编著

中国法制出版社
CHINA LEGAL PUBLISHING HOUSE

编写说明

2009 年 9 月 7 日,《放射性物品运输安全管理条例》经国务院第 80 次常务会议审议通过,温家宝总理签署国务院第 562 号令,公布了《放射性物品运输安全管理条例》,自 2010 年 1 月 1 日起施行。这部行政法规的出台,对于加强放射性物品运输安全管理,促进核能和核技术应用快速、持续发展,保护环境,保障人体健康,具有重要的意义。

为帮助政府有关部门、放射性物品运输单位以及其他有关方面全面、准确地掌握和理解条例的内容,领会条例的精神实质,更好地贯彻落实条例所确立的各项制度,国务院法制办公室、环境保护部,以及机械科学研究总院中机生产力促进中心（核设备安全与可靠性中心）等单位参加条例研究起草工作的同志共同编写了这本《放射性物品运输安全管理条例释义》。本书对《放射性物品运输安全管理条例》的条文含义逐条作了阐述和解释,并对贯彻执行条例需要把握的有关政策界限和应当注意的问题等作了说明。本书力图全面准确反映立法原意,具有一定的权威性和较强的实用性,可以作为有关方面学习和贯彻执行条例的参考用书。

目　　录

关于《放射性物品运输安全
管理条例》编制说明

一、立法必要性

2003 年 6 月颁布的《中华人民共和国放射性污染防治法》第十五条规定："运输放射性物质和含放射源的射线装置，应当采取有效措施，防止放射性污染。具体办法由国务院规定。"

当前，我国急需制定放射性物品运输安全的行政法规，主要原因是：

（一）放射性物品运输安全管理面临的形势十分严峻

放射性物品运输是核能开发和核技术应用中的一个重要环节。相对于在受到严格控制的固定场所内实施的生产、加工、贮存与处置环节而言，放射性物品运输是核与辐射管理的薄弱环节，需要通过立法加强管理。

我国放射性物品运输开始于 20 世纪 50 年代末期。当时每年运输的放射性货包只有数百个。随着核能发展和核技术在工业、农业、医学、科研、教育等领域日益广泛的应用，放射性物品的运输规模和种类都呈快速上升趋势。据估计，目前国内放射性货包年流通量高达百万件以上。尤其是随着我国能源政策的调整，核能快速发展，核电站乏燃料和放射性废物运输量将大幅上升。

受核工业布局影响，一些放射性物品的运输线路长，沿途道路、气候情况复杂多变，给安全运输管理带来严峻挑战。如我国的放射性同位素主要由中国原子能科学研究院（北京）和中国核动力研究设计院（四川）等单位生产，而其应用单位则遍及全国各地，由此引起的运输安全风险很大。又如我国核电站多集中在东南沿海，而放射性废物最终处置和乏燃料的后处理则集中在西北地区，核电站乏燃料和放射性废物运输往往需要从东部沿海运输到遥远的西部进行处理和处置，途经多个省市，运输路线最长的达 4 千公里，沿途气候多变，道路情况复杂，对环境安全构成极大风险。

由于目前我国多数放射性物品运输活动不规范，导致放射性物品运输事件和事故时有发生，对环境安全构成严重威胁，需要通过立法进一步完善和规范运输环节的监管。

（二）放射性物品运输安全的监管体制不健全

放射性物品运输涉及核安全、环境保护、国防工业、铁路、交通、民航、公安、卫生等多个部门。有关部门虽然在各自的有关管理规定中对放射性物品运输做了一些零散的规定，但彼此之间缺乏协调、统一，在安全监管职责方面或交叉重复，或缺位，如在放射性物品表面污染水平的监测等方面职责交叉、重复，在放射性物品包装容器的设计、制造、辐射事故应急等方面则相对较弱，严重影响了对放射性物品运输安全的有效监管。

（三）放射性物品运输安全的监管制度和措施严重缺失

一方面，现行立法中缺乏有针对性的放射性物品运输安全的管理制度和措施。根据国家《危险货物分类和品名编号》标准（GB6944—2012）规定，放射性物品是第7类危险货物。其运输应当遵守危险货物运输的一般规定。但由于放射性物品高度的社会敏感性以及不同于其他危险物品的强辐射、核临界、释放衰变热和放射性等危害，其运输管理又需要特殊的要求。而现行法律、法规中有关危险物品运输的规定，或将放射性物品排除在外，或者只对其作原则要求，缺乏有针对性的放射性物品安全运输的具体管理制度和措施。

另一方面，现行的有关放射性物品运输安全标准由于缺乏行政法规的支持，无法有效实施。原国家技术监督局于1989年颁布的《放射性物品安全运输规程》（目前为GB11806—2004）是一部较为全面的规范放射性物品安全运输的技术和管理文件，也是目前放射性物品运输安全监督管理的主要依据。但由于缺乏保证该标准实施的行政法规，负责监督实施该标准的部门职责不明确，缺乏相应的处罚规定，标准中规定的有关放射性物品运输容器的设计、制造及运输等有关技术和管理要求未得到全面和有效的实施。

如目前根据该标准发放的放射性物品运输容器许可证不足十个，而且主要集中于乏燃料，而占流通量90%以上的放射源运输活动则基本上未执行该标准的有关规定，给放射源的运输活动留下很大的安全隐患。

尤其是 2003 年 8 月《中华人民共和国行政许可法》颁布后，该标准中的放射性物品运输容器和运输许可规定，由于没有法律、行政法规依据，在执行中已受到"合法性"的质疑。

同时，我国放射性物品运输安全管理中存在着放射性物品分类不太完善，安全监管成本较高、效率较低，运输容器设计质量和水平有待提高，运输容器制造单位管理和质量控制有待加强等问题，需要通过立法完善放射性物品分类制度及其具体措施，强化对运输容器设计和制造的管理，以确保放射性物品安全运输。

（四）履行国际义务的需要

目前，国际原子能机构制定的《放射性物品安全运输规程》是放射性物品运输监督管理的国际通用规则。同时，该机构还制定了行动计划，督促各成员国尽快制定本国的行政法规，推动该规程在本国的实施。

作为国际原子能机构的成员国，我国的放射性物品运输安全管理没严格执行国际规则，这不仅严重威胁了我国放射性物品运输安全，而且与我国作为一个核应用大国的地位和应该承担的国际履约责任也不相符，同时也影响了我国核燃料和放射源（同位素）的进出口市场。

综上，为了加强放射性物品运输的安全管理，保障人体健康，保护环境，促进核能、核技术的开发与和平利用，根据《中华人民共和国放射性污染防治法》的规定，制定本条例是十分必要和迫切的。

二、起草过程

1998 年机构改革后，国家核安全局并入国家环保总局（现为环境保护部）。1999 年国家环保总局启动《放射性物品运输安全管理条例》（以下简称"条例"）的起草工作。起草小组收集并分析了国际原子能机构及美国、法国等国家有关放射性物品安全运输管理的相关资料，并对当前我国放射性物品运输管理的现状、经验和问题进行了分析研究。形成草案后，分别于 1999 年、2004 年和 2006 年向国务院有关部委和相关单位征求意见。2006 年 12 月 19 日经原环保总局局务会议审议通过了草案，上报国务院法制办。国务院法制办组织有关部门和专家赴广东、山东等省市开展调研，组织召开运输企业和业内知名专家参加的座谈会，取得了大量第一手资料和信息。国务院法制办多次组织相关部门召开协调会，对部门职责分工等问题进行详细论证。国务院法制办还联合原国家环保总局对行政许可事项专门召开听证会，仔细论证了本条例所涉及的行政许可事项的合理性和科学性。在此基础上，国务院法制办修改形成征求意见稿，并于 2008 年 6 月 5 日向全社会公开征求意见，经修改后上报国务院法制办办务会审议通过形成报批稿。2009 年 9 月 7 日国务院第 80 次常务会议通过该条例，并于 2010 年 1 月 1 日起施行。

三、主要管理制度和措施

条例分七章六十八条，分别为总则、放射性物品运输容器的设计、放射性物品运输容器的制造与使用、放射性物品的运输、监督检查、法律责任及附则。

（一）放射性物品定义

从管理角度讲，放射性物品是指含有放射性核素，并且其活度和比活度均高于国家规定的豁免值的物品。通俗地讲，放射性物品就是含有放射性核素，并且物品中的总放射性含量和单位质量的放射性含量均超过免于监管的限值的物品。目前国家规定的豁免值是指不超过国家标准《放射性物品安全运输规程》（GB11806 - 2004）中表 1 放射性核素的基本限值。此豁免值以下的含有放射性核素的物品，不属于本条例规定的放射性物品运输安全监管的范围。

（二）分类管理制度

条例规定了放射性物品运输的分类管理制度。主要原因是放射性物品种类繁多，不同放射性物品的特性和潜在环境风险不同，只有通过分类管理，才能实现科学、高效的监管。为此，条例规定，根据放射性物品的特性及其对人体健康和环境的潜在危害程度，将放射性物品分为一类、二类和三类。实践中，常见的一类放射性物品如辐照用钴 60 放射源、γ 刀治疗机、高水平放射性废物等；二类放射性物品如测井用放射源、中等水平放射性废物等；三类放射性物品如爆炸物检测用放射源、低水平放射性废物、放射性药品等。为了落实分类管理措施，条例还要求国务院核安全监管部门会同国务院有关主管部门制定放射性物品的具体分类和名录。同时，条例对放射性物品运输容器设计、制造和放射性物品运输的管理规定了有针对性的措施。

（三）放射性物品运输容器的设计管理

放射性物品运输容器的质量是运输安全的根本保证，而其设计的安全可靠性又是运输容器质量保障的源头。为加强对运输容器设计的管理，条例主要作了以下规定：

一是建立运输容器设计的安全性能评价制度。要求设计单位对设计的放射性物品运输容器的安全性能进行评价，并如实记录设计和安全性能评价过程。

二是建立一类运输容器设计批准制度。要求一类运输容器的设计在首次用于制造前报国务院核安全监管部门审查批准，并明确了设计单位需要提交的申请材料和审查批准程序。

三是建立二类运输容器设计备案制度。规定二类运输容器的设计，应当在首次用于制造前将有关设计文件报国务院核安全监管部门备案。

四是明确三类运输容器设计的管理要求。规定设计单位应当编制三类运输容器的设计符合国家放射性物品运输安全标准的证明文件，并存档备查。

（四）放射性物品运输容器的制造管理

放射性物品运输容器的制造质量是放射性物品运输安全保障的关键环节。为加强对运输容器制造的管理，条例主要作了以下规定：

一是明确运输容器的质量检验要求。规定运输容器制造单位应当对制造的运输容器进行质量检验，未经质量检验或者经检验不合格的，不得交付使用。

二是明确一类运输容器制造单位应当具备的条件。要求从事一类运输容器制造活动的单位具备拥有相应的专业技术人员、生产条件和检测手段，以及具有健全的管理制度和完善的质量保证体系三项条件。

三是建立一类运输容器制造许可制度。规定从事一类运输容器制造活动的单位应当申请领取制造许可证，并明确了申请领取制造许可证的条件和程序。

四是建立二类、三类运输容器制造备案制度。要求从事二类运输容器制造活动的单位在首次制造活动开始前将有关证明材料报国务院核安全监管部门备案；从事三类运输容器制造活动的单位按年度将制造运输容器的型号和数量报国务院核安全监管部门备案。

五是建立一类、二类运输容器编码制度。要求制造单位对生产的一类、二类运输容器进行统一编码。

（五）放射性物品运输环节的管理

放射性物品运输环节潜在风险高、监管难度大，关系到人民群众的生命财产安全，关系到社会稳定。为加强放射性物品运输环节的管理，条例主要作了以下规定：

一是明确对放射性物品托运人的要求。要求托运人持有生产、销售、使用或者处置放射性物品的有效证明，使用与放射性物品类别相适应的运输容器进行包装，配备辐射监测设备、防护用品和防盗、防破坏设备，并编制运输说明书、核与辐射事故应急响应指南、装卸作业方法、安全防护指南。

二是建立表面污染和辐射水平监测制度。规定托运一类放射性物品的，托运人应当委托有资质的辐射监测机构进行表面污染和辐射水平监测；托运二类、三类放射性物品的，托运人应当进行表面污染和辐射水平监测；监测结果不符合国家放射性物品运输安全标准的，不得托运。

三是明确放射性物品承运人的资质要求。规定承运放射性物品应当取得国家规定的运输资质。

四是建立一类放射性物品运输的核与辐射安全分析报告书制度。要求一类放射性物品的托运人编制核与辐射安全分析报告书，报国务院核安全监管部门审查批准，并明确了审查批准的程序。

五是明确不同运输方式的具体管理要求。规定通过道路运输放射性物品的，应当经公安机关批准后，按指定的时间、路线、速度行驶，并悬挂警示标志，配备押运人员，使放射性物品处于押运人员的监管之下；通过水路运输放射性物品的，应当遵守水路危险货物运输的法律、行政法规和规章的有关规定；通过铁路、航空运输放射性物品或者邮寄放射性物品的，应当遵守国务院铁路、民航、邮政主管部门的规定。

（六）放射性物品运输安全管理中的法律责任

严格的法律责任是确保管理制度落到实处的重要手段。对放射性物品运输安全管理中的违法行为，条例主要作了以下规定：

一是明确有关监管部门的责任。规定国务院核安全监管部门、省、自治区、直辖市人民政府环境保护主管部门或者其他依法履行放射性物品安全监督管理职责的部门，有不依法作出行政许可或者办理批准文件、违法收取监测费用等违法行为的，对直接负责的主管人员和其他直接责任人员依法给予处分，构成犯罪的，依法追究刑事责任。

二是明确管理相对人的责任。条例对放射性物品运输容器设计和制造单位不依法办理批准或者备案手续、将未经质量检验或者经检验不合格的运输容器交付使用，以及托运人违法托运、承运人违法承运放射性物品等行为，规定了罚款、责令退运、吊销许可证件、治安管理处罚、追究刑事责任等法律责任。

第一章 总 则

第一条 为了加强对放射性物品运输的安全管理，保障人体健康，保护环境，促进核能、核技术的开发与和平利用，根据《中华人民共和国放射性污染防治法》，制定本条例。

【释义】本条是关于条例立法目的的规定。

一、放射性物品运输管理属于危险物品运输管理的范畴。放射性物品具有特殊的安全问题，与其他危险物品管理有明显的区别，尤其是对其包装容器和运输的控制上，因为对于放射性物品的管理，相对于在受到严格控制的固定场所内实施的生产、加工、贮存与处置环节而言，运输是容易发生事故的薄弱环节。放射性物品运输是核能、核技术开发和利用中的一个重要环节。就我国目前的实际情况看，有必要制定条例，进一步加强放射性物品运输安全管理，具体因为：

（一）完善放射性物品运输安全管理制度的需要。

目前我国关于放射性物品运输的管理制度尚不够完善，主要体现在如下方面：

1. 现有法规中有关危险货物运输的规定，或将放射性物品排除在外，或只对其作原则要求，缺乏针对放射性物品安全运输的具体管理制度和措施。现行的国家标准《放射性物品安全运输规程》（GB11806－2004）由于缺乏行政法规的支持，无法有效实施。绝大多数放射性物品运输包装容器未严格按照标准要求进行设计、制造。运输活动不规范，导致运输事件和事故时有发生。

2. 我国放射性物品运输安全管理中存在着放射性物品分类不太完善，安全监管成本较高、效率较低，运输容器设计质量和水平有待提高，运输容器制造单位管理和质量控制有待加强等问题，需要通过立法完善放射性物品分类制度及其具体措施，强化对运输容器设计和制造的管理，确保放射性物品安全运输。

3. 放射性物品运输管理涉及核安全、环保、公安、交通运输、铁路、民航、海关、卫生等多个部门，彼此间的协调、统一不够，既存在交叉重复，又存在管理缺位的现象，增加了政府、企业的管理成本，增加了运输安全风险。

（二）加强放射性物品运输环节安全监管，是保障人体健康、保护环境的需要。

放射性危害的控制具有很强的专业性、技术性，仅依靠工作人员的个人行为或者是行政管理措施是不现实的。运输前必须进行合理包装，包容放射性物品、屏蔽辐射、预防核临界、散热。目前我国放射性物品运输环节监管制度不健全，重复监管与监管缺位同时存在，运输环节导致的核与辐射事故时有发生，造成人员伤害和环境污染。为了将与危险品运输有关的人员、财产和环境受到的危害控制在可接受的安全水平，防止人体健康受到危害，防止环境、所使用的运输工具或其他货物受到损害，同时又不妨碍这类货物的流动，需要通过立法进一步完善和规范运输环节的监管，这是保护工作人员、公众的生命和财产安全，以及保护环境免受放射性物品运输辐射影响的必然选择。

（三）我国核能和核技术应用快速发展的需要。

我国几十年核工业发展所积累的放射性废物，目前正面临着运输和处理、处置的迫切需求。另外，随着核能和核技术在各个领域的广泛应用，特别是我国大力发展核电政策的实施，放射性物品的运输规模和种类都呈快速上升的趋势，特别是核电站乏燃料和放射性废物等高环境风险放射性物品的运输数量将大幅度增加，增大了放射性物品运输的环境风险。因此，需要通过立法加强管理，借鉴国际经验制定我国的放射性物品运输安全管理法规，这是促进核能、核技术开发与和平利用的现实要求。

二、我国现有的多部法律、行政法规均明确规定需要针对放射性物品运输安全管理制定专门的行政法规，主要包括：

《中华人民共和国放射性污染防治法》第十五条规定："运输放射性物质和含放射源的射线装置，应当采取有效措施，防止放射性污染。具体办法由国务院规定。"

《中华人民共和国环境保护法》第三十三条规定："生产、储存、运输、销售、使用有毒化学物品和含有放射性物质的物品，必须遵守国家有关规定，防止污染环境。"

《中华人民共和国安全生产法》第三十二条规定："生产、经营、运输、储存、使用危险物品或者处置废弃危险物品的，由有关主管部门依照有关法律、法规的规定和国家标准或者行业标准审批并实施监督管理。生产经营单位生产、经营、运输、储存、使用危险物品或者处置废弃危险物品，必须执行有关法律、法规和国家标准或者行业标准，建立专门的安全管理制度，采取可靠的安全措施，接受有关主管部门依法实施的监督管理。"

《中华人民共和国产品质量法》第二十八条规定："易碎、易燃、易爆、有毒、有腐蚀性、有放射性等危险物品以及储运中不能倒置和其他有特殊要求的产品，其包装质量必须符合相应要求，依照国家有关规定作出警示标志或者中文警示说明，标明储运注意事项。"

《中华人民共和国合同法》第三百零七条规定："托运人托运易燃、易爆、有毒、有腐蚀性、有放射性等危险物品的，应当按照国家有关危险物品运输的规定对危险物品妥善包装，作出危险物标志和标签，并将有关危险物品的名称、性质和防范措施的书面材料提交承运人。托运人违反前款规定的，承运人可以拒绝运输，也可以采取相应措施以避免损失的发生，因此产生的费用由托运人承担。"

《铁路运输安全保护条例》第三十八条第三款规定："用于危险化学品和放射性物质铁路运输的罐车及其他容器的生产和检测、检验，依照有关法律、行政法规的规定管理。"

《中华人民共和国道路运输条例》第二十七条第三款规定："运输危险货物应当采取必要措施，防止危险货物燃烧、爆炸、辐射、泄漏等。"

《放射性药品管理办法》第二十一条规定："放射性药品的运输，按国家运输、邮政等部门制订的有关规定执行。严禁任何单位和个人随身携带放射性药品乘坐公共交通运输工具。"

从上述法律条款可以看出，制定《放射性物品运输安全管理条例》也是有效执行现有法律、行政法规的需要。

三、关于危险物品运输管理，国际上已制定了一系列的条约和规定，主要有：联合国经济及社会理事会发布的《危险品运输建议书》；国际海事组织发布的《国际海运危险品规程（IMDG Code）》；国际民航组织发布的《国际空运危险品技术规章》；国际空运协会发布的《危险品规程》；联合国欧洲经济委员会发布的《关于内河运输危险品的国际协定（ADN）》；联合国欧洲经济委员会发布的《国际铁路运输危险品规程（RID）》；联合国欧洲经济委员会发布的《国际公路运输危险品协定（ADR）》；万国邮政联盟发布的《万国邮政公约》；国际原子能机构（IAEA）发布的《放射性物品安全运输规程》（TS－R－1）；等等。

其中联合国经济及社会理事会发布的《危险品运输建议书》是基础性文件，其他国际组织在此《危险品运输建议书》的基础上制定了专门的规定。根据涉及的危险类型将危险货物分为九类，其中第七类是放射性物品。与其他危险物品相比，放射性物品具有辐射、核临界、释放衰变热等特殊安全问题，国际原子能机构（IAEA）发布《放射性物品安全运输规程》（TS－R－1），目的就是为了控制这些特殊的安全问题，保护人员、财产和环境免受放射性物品运输期间的辐射影响。该规程于 1961 年由国际原子能机构（IAEA）首次出版，随后国际原子能机构与各成员国和有关国际组织多次修订，分别于 1964 年、1967 年、1973 年、1985 年和 1996 年出版了 5 个全面修订本。国际原子能机构理事会在 1964 年核准第一个修订本时，授权总干事将该规程适用于国际原子能机构（IAEA）的业务和接受国际原子能机构援助的业务。此外，还授权总干事建议国际原子能机构各成员国和国际组织将该规程作为国家和国际相应法规文件的基础。到 1969 年，该规程已被几乎所有与运输有关的国际组织所采用，并被国际原子能机构的许多成员国用于制定本国的法规。我国按照国际原子能机构（IAEA）的《放射性物品安全运输规程》（TS－R－1）的要求制定了国家标准《放射性物品安全运输规程》（GB11806—2004），但由于缺乏行政法规的支持，无法有效实施。因此，制定我国放射性物品运输安全管理法规，既是我们作为国际原子能机构成员国的责任，同时也是促进我国核能和核技术利用可持续发展的必然要求。

第二条 放射性物品的运输和放射性物品运输容器的设计、制造等活动，适用本条例。

本条例所称放射性物品，是指含有放射性核素，并且其活度和比活度均高于国家规定的豁免值的物品。

【释义】本条是关于条例适用范围的规定。

一、本条规定的本条例适用范围，是根据《中华人民共和国放射性污染防治法》的原则，以及国内外相关标准要求，并在借鉴国际放射性物品运输安全管理立法经验的基础上，结合我国目前实际情况研究确立的，与国际原子能机构（IAEA）发布的《放射性物品安全运输规程》（TS－R－1）关于适用范围的规定并不完全一致。《放射性物品安全运输规程》（TS－R－1）范围为："本规程适用于放射性物品的陆地、水上或航空一切方式的运输，包括伴随使用放射性物品的运输。所述运输包括与放射性物品搬运有关和搬运中所涉及的所有作业和条件；这些作业包括包装物的设计、制造、维修和修理，以及放射性物品的货物和货包的准备、托运、装载、运载（包括中途贮存）、卸载和最终抵达目的地时的接收。"我们针对放射性物品运输及运输容器的设计、制造等核心活动进行规定。

二、本条第一款规定放射性物品的运输和放射性物品运输容器的设计、制造等活动应当按照本条例进行监督管理，以确保相关活动始终处于受控状态。

放射性物品运输过程控制及质量管理直接关系到放射性物品是否会产生辐射泄漏事故，从而对环境和公众安全造成影响，因此应当按照本条例相关规定进行严格的监管和控制。

由于放射性物品自身具有潜在危险的特性，其运输安全主要是依靠运输容器具有的包容、屏蔽、散热和防止临界的性能来保障的，因此，必须从源头抓起，将运输容器安全管理作为放射性物品运输安全监管的重要环节。为此，条例明确规定，运输放射性物品应当使用专用的放射性物品运输容器，并对放射性物品运输容器的设计和制造分别作了规定。

放射性物品运输容器的质量是运输安全的根本保证，而其设计的安全可靠性又是运输容器质量保障的源头。运输容器的设计过程控制以及设计结果的完整性和正确性直接关系到运输容器是否具备对放射性物品的包容和屏蔽等功能，而运输容器的制造质量是放射性物品运输安全保障的关键环节，运输容器的制造过程是为了实现设计目的，保证用于使用的运输容器能够完好履行相关功能的必要过程，因此本条第一款要求对运输容器的设计、制造等活动进行严格控制，从而防止放射性物品运输过程中可能出现的辐射事故，保证环境和公众安全。运输容器一旦按照本条例的规定对设计、制造等相关环节进行了有效控制，并经出厂检验合格，即适用于放射性物品的陆地、水上或航空一切方式的运输，包括伴随使用放射性物品的运输。

三、本条第二款对"放射性物品"进行了定义，"是指含有放射性核素，并且其活度和比活度均高于国家规定的豁免值的物品。"根据本条此款的规定，"放射性物品"这一概念包括两层含义：

一是，放射性物品是含有放射性核素的物品。本款的放射性物品定义包含了如下几个术语：核素、放射性、放射性核素、放射性衰变。核素是具有特定的质子数和中子数的一类原子。放射性是指包括原子核变化的自发转变现象，在此转变中释放的能量以光子或其他辐射发出。放射性核素是指能发生放射性衰变的核素，例如，铀－235、铀－238、钚－239、碘－131、碳－14等都是放射性核素。放射性核素有2300多种，又可分为天然放射性核素和人工放射性核素两大类。放射性衰变是指放射性核素自发放射出 α 粒子、β 粒子或 γ 光子，而转变成另一个核素的现象。

二是，活度和比活度高于国家规定的豁免值。放射性活度是指一定量的放射性核素在单位时间里的衰变数。放射性活度的单位是贝可勒尔（Bq），1Bq = 1 个衰变/秒。放射性核素的比活度是指单位质量该种核素的活度。一种物质的比活度是指放射性核素基本上均匀地分布在物质中的单位质量或单位体积该物质的活度。目前国家规定的豁免值是指不超过国家标准《放射性物品安全运输规程》（GB11806—2004）中表1放射性核素的基本限值。此豁免值以下的含有放射性核素的物品，不属于本条例规定的监管范围。

该定义是直接采用了国际原子能机构（IAEA）的《放射性物品安全运输规程》（TS－R－1）的有关规定。国际原子能机构（IAEA）的《放射性物品安全运输规程》（TS－R－1）给出了各种放射性核素的基本限值，也明确规定了放射性核素的混合物的基本限值的计算方法，我国在放射性物品运输管理中充分采用了这些国际规定。

第三条　根据放射性物品的特性及其对人体健康和环境的潜在危害程度，将放射性物品分为一类、二类和三类。

一类放射性物品，是指Ⅰ类放射源、高水平放射性废物、乏燃料等释放到环境后对人体健康和环境产生重大辐射影响的放射性物品。

二类放射性物品，是指Ⅱ类和Ⅲ类放射源、中等水平放射性废物等释放到环境后对人体健康和环境产生一般辐射影响的放射性物品。

三类放射性物品，是指Ⅳ类和Ⅴ类放射源、低水平放射性废物、放射性药品等释放到环境后对人体健康和环境产生较小辐射影响的放射性物品。

放射性物品的具体分类和名录，由国务院核安全监管部门会同国务院公安、卫生、海关、交通运输、铁路、民航、核工业行业主管部门制定。

【释义】本条是关于放射性物品分类的规定。

一、我国放射性物品分类管理体系

放射性物品种类繁多，其辐射强度和危害性也差别很大，有的放射性物品可以直接用手触摸而不会对人体造成任何损伤；有些放射性药品甚至可以直接注入人体；有些放射性物品辐射强度很高，在没有屏蔽体的情况下人员根本无法接近，例如核电站乏燃料；有些放射性物品具有特殊安全问题，例如易裂变材料本身辐射强度很低，但是在特定条件下会发生危害极大的临界裂变反应。因此在运输管理中必须对放射性物品进行区分，实行分类管理，危害越大管理要求越严格。这是放射性物品运输安全管理的基本原则之一。

国际上是按照放射性物品货包（运输容器和放射性内容物组合体）分类管理体系进行管理的。由于与放射性物品货包分类相关的术语过于专业和生僻，很多内容过于技术和具体，而按照我国立法习惯，立法语言必须通俗易懂，且条例一般不直接规定非常具体的技术细节，因此，在本条例起草、审查过程中，最后决定不直接将国际上通用的放射性物品货包分类体系引入本条例，而是原则规定将放射性物品分为一类、二类和三类。具体如下：

一类放射性物品，是指Ⅰ类放射源、高水平放射性废物、乏燃料等释放到环境后对人体健康和环境产生重大辐射影响的放射性物品。

二类放射性物品，是指Ⅱ类和Ⅲ类放射源、中等水平放射性废物等释放到环境后对人体健康和环境产生一般辐射影响的放射性物品。

三类放射性物品，是指Ⅳ类和Ⅴ类放射源、低水平放射性废物、放射性药品等释放到环境后对人体健康和环境产生较小辐射影响的放射性物品。

放射性物品分为一类、二类和三类主要是体现了行政管理要求的不同：一类放射性物品运输容器的设计、制造需要取得批准或许可，一类放射性物品运输也需要经过批准后方可进行；二类放射性物品运输容器的设计、制造需要提前备案；三类放射性物品运输容器的设计、制造需要满足相关标准要求，并将相关记录文件存档备查。放射性物品分类并不改变放射性物品货包分类体系，可以说只是将放射性物品货包从管理要求上进行了归类。

二、放射性物品货包分类管理体系

国际原子能机构（IAEA）发布的《放射性物品安全运输规程》（TS-R-1）已经建立了一套完善的放射性物品货包（运输容器和放射性内容物组合体）分类管理体系，并得到广泛的认可和使用。我国等同采用国际原子能机构发布的《放射性物品安全运输规程》（TS-R-1），建立了自己的国家标准《放射性物品安全运输规程》（GB11806—2004），因此我国在放射性物品安全运输管理实践中也是使用国际原子能机构发布的《放射性物品安全运输规程》（TS-R-1）中规定的放射性物品货包分类管理体系。现将该分类体系基本规律作简单介绍。

为了分类管理的需要，规程规定了如下重要限值：豁免物品比活度限值，免管托运货物的豁免活度限值，A_1 和 A_2 值，其中 A_1 和 A_2 是确定标准各项要求而规定的放射性活度限值，A_1 是指《放射性物品安全运输规程》（GB11806—2004）标准表 1 中所列的或第 5 章中所导出的特殊形式放射性物质的放射性活度值，A_2 是指《放射性物品安全运输规程》（GB11806—2004）标准表 1 中所列的或第 5 章中所导出的特殊形式放射性物质以外的放射性物质的放射性活度值。通过这些限值并结合放射性物品自身的物理和化学特性，将放射性物品分类如下：

（一）豁免放射性物品

对于含有极少量放射性的物品，即使泄漏也不会对人员和环境造成明显危害。《放射性物品安全运输规程》（GB11806—2004）对豁免放射性物品并没有明确的定义，但是在放射性物品定义中规定纳入规程管理范围的放射性物品是指任何含有放射性核素且其比活度和放射性总活度都超过豁免比活度限值和免管托运货物的豁免活度限值的物品。这实际上就明确界定了可以豁免的放射性物品，即放射性核素比活度或者免管托运货物的放射性总活度有一个不大于豁免限值的，就可豁免运输。

除此以外，满足下列条件的放射性物品也可豁免运输：

（1）已成为运输手段组成部分的放射性物品，例如航空器中的贫铀平衡物和出口标示灯中的氚。

（2）在单位内进行不涉及公路或铁路运输的放射性物品。

（3）为诊断或治疗而植入或注入人体或活的动物体内的放射性物品，如心脏起搏器或者引入人体用于诊断或治疗的放射性物品。

（4）已获得监管部门的批准并已销售给最终用户的消费品中的放射性物品，如烟雾探测器、发光表盘或者离子发生管。

（5）含天然存在的放射性核素的天然物品和矿石，处于天然状态或者仅为非提取放射性核素的目的而进行了处理，也不准备经处理后使用这些放射性核素，且这类物品的比活度不超过豁免物品比活度限值的 10 倍，如精炼氧化铝产生的残渣。

（6）表面上被放射性物品污染的非放射性固体物品，且满足如下限制：对 β 和 γ 发射体及低毒性 α 发射体，其量小于 $0.4Bq/cm^2$；对所有其他 α 发射体，其量小于 $0.04Bq/cm^2$。

这一类放射性物品运输时辐射危害极小，即使发生事故其影响也可忽略。

（二）有限量放射性物品

有限量放射性物品是指放射性比活度超过豁免限值，但放射性活度小于千分之一 A_1 或 A_2 值的物品（氚和液态物品有另外限值），如果放射性物品是仪器或制品的一个组成部分，则其限值还可以放宽。

这一类放射性物品危害非常小，采用例外货包运输。另外，清洗去污后的空放射性物品运输容器运输时，也按例外货包管理。

（三）低比活度物品和表面污染物体

低比活度物品是指比活度有限的放射性物品，又细分为三组：

（1）Ⅰ类低比活度物品（LSA－Ⅰ）：

这类物品从本质上具有辐射安全性，在没有任何防护的条件下，也不可能因为呼吸或者食入而导致辐射剂量明显升高。LSA－Ⅰ主要包括：铀矿石、钍矿石和含此类矿石的浓缩物以及含天然存在的放射性核素并经加工后可利用这些放射性核素的其他矿石；未受辐照的固体或液体天然铀、贫化铀或天然钍，或他们的化合物或混合物；A_2 值不受限制的放射性物品；比活度不超过豁免浓度限值 30 倍的放射性物品。

LSA － Ⅰ通常采用 1 型工业货包运输。

（2） Ⅱ类低比活度物品（LSA － Ⅱ）：

这类物品是指放射性活度均匀分布，且平均比活度不超过下述限值：对固体和气体不超过 $10^{-4}A_2/g$，对液体不超过 $10^{-5}A_2/g$。LSA － Ⅱ主要包括核设施运行过程中产生的不需要固化处理的放射性废物，例如放射性活度比较低的树脂、过滤器芯、化学试剂等，核设施退役过程中产生的活化设备等。另外，当含氚水满足氚浓度不高于 0.8TBq/L 规定时，也是 LSA － Ⅱ。

LSA － Ⅱ通常采用 2 型工业货包运输。

（3） Ⅲ类低比活度物品（LSA － Ⅲ）：

这类物品是指放射性活度均匀分布且比活度有限的固体（不包括粉末状固体），例如放射性活度均匀分布的混凝土、沥青、陶瓷等物体。这类物品应当是难溶的，在无包装的情况下在水里浸泡 7 昼夜，放射性损失也不会超过 $0.1A_2$ 值，另外，其平均比活度不超过 $2 \times 10^{-3}A_2/g$。LSA － Ⅲ主要包括混凝土、沥青等固化放射性废物。

LSA － Ⅲ通常采用 3 型工业货包运输。

表面污染物体（SCO）是指自身不具有放射性，但是表面被放射性物品沾污的固体物品。SCO 分为两类：Ⅰ类表面污染物体（SCO－Ⅰ）和Ⅱ类表面污染物体（SCO－Ⅱ）。二者的区别是所允许的最高污染水平不同，SCO－Ⅱ限值比 SCO－Ⅰ高。

SCO－Ⅰ采用 1 型工业货包运输，SCO－Ⅱ采用 2 型工业货包运输。

（四）放射性活度低于 A_1 或 A_2 值的物品

《放射性物品安全运输规程》（GB11086—2004）将比活度超过低比活度物品的限值，同时放射性活度低于 A_1 或 A_2 值的放射性物品看作一类。

这一类放射性物品具有有限的辐射风险，采用 A 型货包运输。

（五）放射性活度超过 A_1 或 A_2 值的物品

《放射性物品安全运输规程》（GB11086－2004）将比活度超过低比活度物品的限值，同时总的放射性活度超过 A_1 或 A_2 值的放射性物品看作一类。

这一类物品放射性活度高、潜在危害大，在运输管理中需要高度关注，采用 B 型货包运输。

以上介绍的只是《放射性物品安全运输规程》（GB11086—2004）中规定的放射性物品货包分类管理体系的基本规律，针对一些特殊情况，还有附加性的要求，例如易裂变材料具有核临界安全问题、六氟化铀具有特殊化学危害，因此规程对装载有易裂变材料或六氟化铀的货包规定了附加要求。

三、放射性物品分类和名录

我国放射性物品分类与国际上通用的货包分类体系有一定的对应关系：一类放射性物品主要是指 C 型、B（U）型、B（M）型货包的放射性内容物以及易裂变材料、六氟化铀等；二类放射性物品主要是指 A 型、3 型工业货包的放射性内容物；三类放射性物品主要是指 2 型工业货包、1 型工业货包和例外货包的放射性内容物。同时考虑我国核技术利用管理现状，条例对放射源做了特殊规定：I 类放射源是一类放射性物品，II 类、III 类放射源是二类放射性物品，IV 类、V 放射源和放射性药品是三类放射性物品。特殊规定的主要目的是在不降低放射性物品运输容器安全性能要求的前提下，尽量简化那些运输数量大、危害相对较易控制的放射源运输的行政管理程序，以方便企业合理匹配安全管理的成本与代价。

放射性物品分类是放射性物品运输安全管理的基础，所有与放射性物品运输管理相关的部门均对此非常关注，因此，本条规定放射性物品的具体分类和名录，由国务院核安全监管部门会同国务院公安、卫生、海关、交通运输、铁路、民航、核工业行业主管部门共同制定，以保证放射性物品分类在各行业的统一。环境保护部已于 2010 年 3 月 4 日发布《关于发布〈放射性物品分类和名录〉（试行）的公告》（公告 2010 年 第 31 号），环境保护部（国家核安全局）、公安部、卫生部、海关总署、交通运输部、铁道部、中国民用航空局、国家国防科工局共同批准了《放射性物品分类和名录（试行）》，自 2010 年 3 月 18 日起开始施行。

第四条　国务院核安全监管部门对放射性物品运输的核与辐射安全实施监督管理。

国务院公安、交通运输、铁路、民航等有关主管部门依照本条例规定和各自的职责，负责放射性物品运输安全的有关监督管理工作。

县级以上地方人民政府环境保护主管部门和公安、交通运输等有关主管部门，依照本条例规定和各自的职责，负责本行政区域放射性物品运输安全的有关监督管理工作。

【释义】本条是对放射性物品运输安全管理体制的规定。

一、国务院环境保护主管部门（国务院核安全监管部门）对全国放射性物品运输的核与辐射安全实施统一监督管理，这是依据国务院确定的部门职责规定的。

按照《中华人民共和国宪法》第八十九条的规定，国务院确定其各部各委员会的职责，确定中央和省、自治区、直辖市行政机关的职权的具体划分。根据国务院常务会议审议通过的《主要职责、内设机构和人员编制规定》的有关规定，环境保护部（国家核安全局）负责核安全和辐射安全的监督管理；拟定有关政策、规划、标准，参与核事故应急处理，负责辐射环境事故应急处理工作；监督管理核设施安全、放射源安全，监督管理核设施、核技术应用、电磁辐射、伴有放射性矿产资源开发利用中的污染防治；对核材料的管制和民用核安全设备的设计、制造、安装和无损检验活动实施监督管理。根据国务院环境保护主管部门（国务院核安全监管部门）对全国放射性污染防治工作依法实施统一监督管理的要求，本条例对国务院核安全监管部门规定了以下的职责：（1）负责制定并联合国务院标准化行政主管部门发布国家放射性物品运输安全标准；（2）负责对放射性物品运输容器的设计进行监督管理；（3）负责对放射性物品运输容器的制造进行监督管理；（4）负责对进口境外制造放射性物品运输容器的使用进行监督管理；（5）负责对放射性物品运输活动的核与辐射安全进行监督管理。

二、国务院公安、交通运输、铁路、民航等有关主管部门依照本条例和各自的职责，负责放射性物品运输安全的有关监督管理工作。

（一）依据国务院规定的职责对有关的放射性物品运输安全依法实施监督管理，是指有关部门对放射性物品运输安全实施监督管理必须依据国务院的有关规定，目前主要包括：《中华人民共和国道路运输条例》第二十五条第一款第二项规定"从事危险货物运输经营的，向设区的市级道路运输管理机构提出申请"，该条例规定了道路危险货物承运人的资质管理要求。《铁路运输安全保护条例》第五十条规定"办理危险货物铁路运输的承运人，应当具备下列条件：（一）有按国家规定标准检测、检验合格的专用设施、设备；（二）有符合国家规定条件的驾驶人员、技术管理人员、装卸人员；（三）有健全的安全管理制度；（四）有事故处理应急预案。"第五十二条规定"申请从事危险货物承运、托运业务的，应当向铁路管理机构提交证明符合第五十条、第五十一条规定条件的证明文件。铁路管理机构应当自收到申请之日起 20 日内作出批准或者不予批准的决定。决定批准的，发给相应的资格证明；不予批准的，应当书面通知申请人并说明理由。"该条例规定了铁路危险货物承运人和托运人的资质管理要求。《国务院对确需保留的行政审批项目设定行政许可的决定》（国务院令第 412 号）规定"航空营运人运输危险品资格批准"属于法律、行政法规以外的规范性文件设定，但确需保留且符合《中华人民共和国行政许可法》第十二条规定事项的行政审批项目，依据此规定，民航可以对航空运输承运人进行资质许可。

同时，根据国务院常务会议审议通过的《主要职责、内设机构和人员编制规定》的有关规定：公安部负责全国道路交通安全管理工作并承担相应责任，指导、监督地方公安机关维护道路交通安全、道路交通秩序以及机动车辆、驾驶人管理工作；交通运输部承担水上交通安全监管责任，负责水上危险品运输监督管理等工作；铁道部负责铁路专运、特运和治安保卫工作；中国民用航空局负责危险品航空运输监管。

三、放射性物品运输安全的监督管理工作离不开地方政府有关部门的支持与配合，同时放射性物品运输安全的监督管理工作也是地方政府有关部门的重要职责。

在条例起草和审查过程中，考虑到需要依靠地方环保部门的监管力量，行政审批事项由国务院核安全监管部门负责，但各省级环保部门对辖区内的放射性物品运输负有监督责任。

同时，在条例的起草和审议过程中，考虑到放射性物品运输的流动性，地方政府应在放射性物品运输安全的监督管理中起到作用，以加强地方政府部门的责任。本条第三款规定县级以上地方人民政府环境保护主管部门和公安、交通运输等有关主管部门，依照本条例和各自的职责，负责本行政区域放射性物品运输安全的有关监督管理工作，主要包括：

1. 一类放射性物品启运前，托运人应当将放射性物品运输的核与辐射安全分析报告批准书、辐射监测报告，报启运地的省、自治区、直辖市人民政府环境保护主管部门备案。收到备案材料的环境保护主管部门应当及时将有关情况通报放射性物品运输的途经地和抵达地的省、自治区、直辖市人民政府环境保护主管部门。

2. 设区的市级人民政府道路运输管理机构受理生产、销售、使用或者处置放射性物品的单位非营业性道路危险货物运输资质申请。

3. 对于放射性物品道路运输的批准，公安部门也实行分级批准，包括：国务院公安部门负责批准核反应堆乏燃料的道路运输；启运地县级以上人民政府公安机关负责批准其他放射性物品的道路运输，具体的管理办法由国务院公安部门商国务院核安全监管部门制定。

4. 对于环境事件应急预案或核与辐射事故，县级以上人民政府组织编制突发环境事件应急预案，应当包括放射性物品运输过程中可能发生的核与辐射事故应急响应的内容；县级以上人民政府环境保护主管部门接到放射性物品运输中发生核与辐射事故报告的，应当立即派人赶赴现场，及时向本级人民政府报告，并通报同级公安、卫生、交通运输、海事等有关主管部门；接到放射性物品运输中发生核与辐射事故报告的县级以上人民政府及其有关主管部门应当按照应急预案做好应急工作，并按照国家突发事件分级报告的规定及时上报核与辐射事故信息；等等。

第五条　运输放射性物品，应当使用专用的放射性物品运输包装容器（以下简称运输容器）。

放射性物品的运输和放射性物品运输容器的设计、制造，应当符合国家放射性物品运输安全标准。

国家放射性物品运输安全标准，由国务院核安全监管部门制定，由国务院核安全监管部门和国务院标准化主管部门联合发布。国务院核安全监管部门制定国家放射性物品运输安全标准，应当征求国务院公安、卫生、交通运输、铁路、民航、核工业行业主管部门的意见。

【释义】本条是关于使用专用放射性物品运输包装容器

以及放射性物品运输安全标准制定的规定。

一、本条第一款强调运输放射性物品应当使用专用的放射性物品运输包装容器，放射性物品运输的危害控制具有很强的专业性、技术性。专用的放射性物品包装容器设计时，考虑了运输时例行工况、正常工况和事故工况下运输容器的包容、屏蔽以及防止临界等功能，以防止放射性物品运输容器在各种工况下辐射和临界事故的发生，并通过分析或试验进行验证，因此本款要求运输放射性物品应当使用专用的放射性物品运输包装容器。

二、本条第二款强调了放射性物品运输和放射性物品运输容器的设计、制造符合国家相关标准的必要性。

放射性物品运输标准是为了确保放射性物品运输和运输容器的设计、制造活动质量，保证运输容器使用性能和安全功能，防止放射性物品运输辐射事故发生，而对有关技术要求和安全要求所做的统一规定，是开展放射性物品运输和放射性物品运输容器的设计、制造活动，衡量质量状况的重要技术依据，也是国务院核安全监管部门依法行政、实施监督管理的重要技术依据，有着极其重要的地位和作用。

目前，我国国务院核安全监管部门已经发布了国家标准《放射性物品安全运输规程》（GB11806 - 2004），该标准等同采用了国际原子能机构（IAEA）的《放射性物品安全运输规程》（TS - R - 1）（ST - 1 的 2000 年修改版），对放射性物品运输的活度限值和分类、运输的通用要求、货包的设计和试验、审批要求等内容作了原则性的规定。另外，在放射性物品运输容器设计、制造过程中常用的国际、国内标准还有 GB150—2011《压力容器》、GB15849—1995《密封放射源的泄漏检验方法（EQV ISO9978）》、ISO 7195—2005《运输六氟化铀（UF$_6$）的包装》、《ASME 锅炉及压力容器规范》等。根据我国放射性物品运输容器设计、制造的实际需求，国务院核安全监管部门将参照有关的国际标准不断完善我国放射性物品运输安全的相关标准体系，从而为放射性物品的安全运输提供保证。

因此，按照本款规定，相关单位从事放射性物品的运输和放射性物品运输容器的设计、制造时，必须依据国家放射性物品运输安全标准开展相关活动，以确保放射性物品运输的质量。

三、本条第三款对国家放射性物品运输安全标准的制定及发布职责进行了规定。

按照《中华人民共和国标准化法》的相关规定，国务院标准化行政主管部门统一管理全国标准化工作。国务院有关行政主管部门分工管理本部门、本行业的标准化工作。《中华人民共和国放射性污染防治法》第九条规定："国家放射性污染防治标准由国务院环境保护行政主管部门根据环境安全要求、国家经济技术条件制定。国家放射性污染防治标准由国务院环境保护行政主管部门和国务院标准化行政主管部门联合发布。"因此，本款依据上述法律，规定国家放射性物品运输安全标准的制定机关为国务院核安全监管部门，发布机关为国务院核安全监管部门和国务院标准化主管部门。

同时，放射性物品运输的安全管理职责涉及诸如国务院公安、卫生、交通运输、铁路、民航等有关主管部门。因此，在制定过程中有必要充分征求国务院公安、卫生、交通运输、铁路、民航、核工业行业主管部门的意见，针对所制定标准的技术内容，国务院核安全监管部门将以书面方式向有关部门征求意见。

第六条　放射性物品运输容器的设计、制造单位应当建立健全责任制度，加强质量管理，并对所从事的放射性物品运输容器的设计、制造活动负责。

放射性物品的托运人（以下简称托运人）应当制定核与辐射事故应急方案，在放射性物品运输中采取有效的辐射防护和安全保卫措施，并对放射性物品运输中的核与辐射安全负责。

【释义】本条是关于放射性物品运输容器的设计、制造放射性物品运输单位责任的规定。

一、本条第一款明确规定放射性物品运输容器的设计、制造单位作为从事相关活动的行为主体，应当对其所从事活动的质量承担相应的责任。按照本条例的相关规定，放射性物品运输容器的设计、制造单位应当建立健全责任制度，即建立健全相应的管理制度和岗位责任制度；同时，应加强质量管理，有效运行质量保证体系，保证放射性物品运输容器的设计、制造活动质量。

为了体现这一管理原则，本条例将放射性物品运输容器的管理作为放射性物品运输安全监管的核心内容，并对放射性物品运输容器的设计和制造分两个章节作了规定。

（一）设计是决定放射性物品运输容器安全性能的源头，条例规定放射性物品运输容器的设计应当满足有关国家标准的要求，设计单位应当对其所设计的放射性物品运输容器的安全性能进行全面评价，并如实记录，其中一类放射性物品运输容器的设计需在首次用于制造前报国务院核安全监管部门审查批准，取得相应的设计批准书，对二类放射性物品运输容器的设计实行备案管理，对三类放射性物品运输容器的设计实行监督抽查管理。

（二）制造是放射性物品运输容器设计要求得到实现的关键环节，条例规定制造单位应当对其所制造的放射性物品运输容器的质量负责，建立完善的质量保证体系，对所制造的放射性物品运输容器进行严格的质量检验。国家对一类放射性物品运输容器制造单位实行资质许可，对二类放射性物品运输容器制造单位实行备案管理，对三类放射性物品运输容器制造单位实行监督抽查管理。

因此，从事相关活动的单位应当按照本条例的相关规定，建立健全相应的管理制度和岗位责任制度，并加强质量管理，有效运行质量保证体系，保证放射性物品运输容器的设计、制造活动质量。对于由于没有履行上述要求，而违反了本条例相关规定的放射性物品运输容器的设计、制造单位，本条例规定了其应当承担相应的法律责任。

二、本条第二款明确规定作为放射性物品的托运人应当对放射性物品运输中的核与辐射安全承担全面责任，托运人指的是将托运货物提交运输的单位。

（一）托运人作为放射性物品的持有者，是具备放射性物品管理专业知识、必要设备及设施和技术储备，并获得了相应证明的单位，而普通的承运人和公众一般不具有放射性物品管理的专业知识、技能和必要设备。放射性危害的控制是一项专业性、技术性很强的工作，只有具备放射性物品管理的相应知识、技能和条件的托运人才能更好地承担放射性物品运输中的核与辐射安全责任，因此本条款将运输过程中的核与辐射安全责任赋予了托运人。

（二）托运人对核与辐射安全负责是通过履行如下要求实现的：

1. 制定核与辐射事故应急方案，是指针对放射性物品运输中可能发生的核与辐射事故，预先制定相应的应急计划。考虑到放射性物品运输中可能会发生各种突发事故，当涉及核与辐射事故时，必须立即采取措施，把事故的影响和损失控制在最小范围内，因此，必须预先考虑可能发生的核与辐射事故，并制定相应的应急计划。

2. 采取辐射防护措施：在托运前对放射性物品进行相应的包装；向承运人提交运输说明书，明确承运人应该在运输过程中所采取的行动，例如对货包的装载、堆放、搬运、操作和卸载等的补充要求，对运输方式、运输工具和行车速度的限制，对运输路线的指示；向承运人提交核与辐射事故应急响应指南和安全防护指南；配备必要的辐射监测设备、防护用品等。

3. 采取安全保卫措施：在必要的情况下需要配备防盗、防破坏设备，甚至配备安全保卫武装力量。

4. 托运人负责办理与运输有关的行政审批手续。

按照分类管理的原则，不同放射性物品运输的安全要求也有很大的差别，并不是每一放射性物品托运人都需要一一完成所有上述要求。

对于由于托运人没有履行上述要求带来的核与辐射安全事件或事故，本条例也规定托运人应当承担相应的法律责任。

第七条　任何单位和个人对违反本条例规定的行为，有权向国务院核安全监管部门或者其他依法履行放射性物品运输安全监督管理职责的部门举报。

接到举报的部门应当依法调查处理，并为举报人保密。

【释义】本条是关于违法行为举报及保密制度的规定。

为了保证本条例所规定的监督管理措施切实得到贯彻落实，必须加强对各种违法行为的监督，并使其及时得到查处。只有赋予单位和公民个人对违法行为的检举权，建立一种广泛、有效的监督机制，充分发挥和调动单位和公民个人的积极性，把放射性物品的运输以及放射性物品运输容器的设计、制造活动置于全社会的监督之下，才能防止可能发生的核安全事故及其隐患。

本条规定的单位和公民个人有权检举的违法行为包括：

1. 检举行政管理相对人的违法行为，即检举的对象是行政管理相对人，主要是放射性物品运输责任单位或人员，放射性物品运输容器的设计、制造单位或人员的违法行为，以及其他单位和个人违反本条例的违法行为。接受检举的机关应当是国务院核安全监管部门或者其他依法履行放射性物品运输安全监督管理职责的部门。

2. 对有关行政管理机关及其工作人员不依照本条例规定履行相关职责的行为也可以按照相关法律法规的规定向有关部门进行检举。

单位和公民个人的检举权是《中华人民共和国宪法》赋予的权利，也是加强监督违法行为的有效措施。接受检举的部门要为检举提供便利条件，并及时受理和查处有关责任单位和责任人。同时，要为举报人严格保密，保护举报单位的权益或公民个人的人身权益不受非法侵犯，以尊重和保护单位或公民个人的检举权。这不仅有利于保护举报人的积极性，而且是加强对违法行为监督的必然要求。因此，本条明确规定，接到举报的国务院核安全监管部门或者其他依法履行放射性物品运输安全监督管理职责的部门，必须对举报及时进行调查、核实，依法做出处理，并为举报人保密。

第二章　放射性物品运输容器的设计

第八条　放射性物品运输容器设计单位应当建立健全和有效实施质量保证体系，按照国家放射性物品运输安全标准进行设计，并通过试验验证或者分析论证等方式，对设计的放射性物品运输容器的安全性能进行评价。

【释义】本条是关于放射性物品运输容器设计单位质量保证和对运输容器设计安全性能评价的规定。

一、建立健全和有效实施质量保证体系

要得到所要求的质量，应当有两个基本的过程：一是质量形成的过程，即为实现质量目标而必须完成的各种活动，包括设计、采购、制造、包装运输、维护修理等；二是质量保证的过程，包含为确保并验证质量形成过程的各项活动有计划有系统的正确进行而必须完成的各项工作，如计划、控制、检验、试验、监督、记录等。一个企业或单位是否能够设计出符合质量要求的产品，除了应当具备能够实现质量所必需的软件、人员、试验装备、技术储备外，很大程度上还取决于它的质量控制和质量保证能力，而一个健全的质量保证体系的建立及有效运转则是具备良好的质量控制以及质量保证能力的最直观体现，也是保证产品或活动质量的前提。因此，为保证放射性物品运输容器设计质量，放射性物品运输容器设计单位应当建立健全和有效实施质量保证体系。

我国的核安全法规《核电厂质量保证安全规定》（HAF003）的配套导则《核电厂质量保证大纲的制定》（HAD003/01）中对质量保证和质量保证大纲进行了定义。"质量保证的定义是：为使物项或服务与规定的质量要求相符合提供足够的置信度所必需的一系列有计划的、系统的活动"、"为保证质量而规定的和要完成的全部工作综合在一起构成质量保证大纲"。按照国际原子能机构（IAEA）颁布的《核电厂和其他核设施安全的质量保证》（No. 50 – C – QA）的规定，质保大纲也称为质保体系或质量体系，管理者必须制定、履行并维持一个质保体系（质保大纲），包括按本法规规定的基本要求：怎样管理、执行和评定工作的细节；工作管理者、执行者和工作评定者的组织结构、职责权限和接口；策划、进度安排和资源考虑的管理措施。应当制定质保体系（质保大纲）的成文资料，这些文件资料包括质保大纲说明以及确保工作正常进行所必需的管理文件和详细工作用文件。

IAEA 发布了 50 – C – QA 及其相关导则，对核电厂和其他核设施安全的质量保证进行了规定，并针对放射性物品运输发布了安全导则《放射性物品运输安全管理体系》。而我国目前现行有效的核安全法规《核电厂质量保证安全规定》（HAF003）及其导则也对核电厂和其他核设施安全的质量保证进行了规定，同时国务院核安全监管部门还发布了相关技术文件对放射性物品运输的质量保证进行了规定。运输容器设计单位必须按照我国《核电厂质量保证安全规定》（HAF003）以及上述法规、导则、技术文件的要求，建立一个健全的核质量保证体系并有效实施，对设计、采购、制造、检验试验等过程进行控制，保证相关产品或活动质量。同时通过定期的管理部门审查及质保监查保证体系的适用性和运行的有效性。

运输容器承担着放射性物品的包容、屏蔽、防止临界和热损害等功能，其结构的完整性和可靠性对保证放射性物品的安全运输、防止辐射安全事故起着极为关键的作用，其设计标准与一般设备相比有一些特殊的要求，试验验证的条件也更加苛刻，为达到这些要求，运输容器的设计、制造和使用过程中实施的质量控制和质量保证要求也相应要严密得多。因此，对运输容器设计单位而言，必须从设计输入、设计输出、设计变更、设计验证、设计分包等环节对设计过程进行全面控制，才能保证所设计的产品质量符合相应的使用要求。

二、运输容器的设计是保证运输容器安全性能的基础，国际原子能机构《放射性物品安全运输规程》（TS-R-1）对不同类型运输容器的安全性能提出了明确的要求，并得到广泛的认可。我国也等同采用该规定，制定了国家标准《放射性物品安全运输规程》（GB11806—2004），按照该标准要求，设计需要考虑如下三种工况：

例行工况：是指运输过程中不发生任何偶然事件，只考虑正常运输和装卸操作过程引起的应力、应变，如吊装操作、车辆起停加速、道路颠簸等情况。

正常工况：是指在正常运输过程中发生的小事件，如雨淋、吊装时容器的跌落和堆积等情况。

事故工况：是指运输过程中所发生的严重意外事故，如撞车事故、火烧、水浸没等情况。

该标准规定在放射性物品运输容器设计时必须考虑的一般要求和不同类型放射性物品运输容器的附加设计要求，规定不同类型的放射性物品运输容器应满足不同的设计工况要求。为了评价所设计的运输容器是否能够满足规定的设计工况要求，标准针对不同的设计工况还规定了一系列试验检验方法。这些试验为放射性物品运输容器安全性能评价建立了一个客观、统一的标准。如正常工况下的喷水试验、自由下落试验、堆积试验和贯穿试验；事故工况下的力学试验、耐热试验、水浸试验等。这些规定的试验基本上包括了实际运输过程中可能遇到的最危险的正常或事故工况条件，并且标准还要求考虑事故工况的叠加效应，如在容器9米跌落的基础上实施800℃火烧的试验，以模拟实际运输中可能的撞车继发火烧的事故。

放射性物品运输容器安全性能评价包括结构评价、热评价、包容评价、屏蔽评价、临界评价等，是一个系统性过程，它贯穿于整个设计过程，以保证放射性物品运输容器设计满足所有相关安全要求。放射性物品运输容器设计安全性能的评价可通过试验验证方式、分析论证方式或两者相结合等方式进行：

1. 试验验证方式是指按照标准规定的要求，对原型容器或比例模型直接进行试验和测量，以检验运输容器是否满足标准要求。试验所选取的模型应当能够代表容器的设计特征，如比例模型与原型容器的差异不应当影响试验结果对原型容器的代表性。

2. 分析论证方式是指采用分析或计算方法对所设计的运输容器进行安全性能评价。在采用分析论证方式进行安全性能评价时，应说明分析论证方法的有效性和保守性，如分析方法、计算机软件、计算输入、分析模型的有效性，以及分析计算结果的保守性等。

3. 当单一的评价方法难以全面评价运输容器的安全性能时，可以采用分析论证和试验验证相结合的方式进行评价。这两种方法的有效结合，相对于单纯的试验验证而言，既可以有效降低运输容器安全性能评价的成本，又不会降低运输容器安全性能评价的有效性。

放射性物品运输容器安全性能评价内容具体详见国务院核安全监管部门发布的《放射性物品运输容器设计安全评价（分析）报告的标准格式和内容》（HAD701 -01）。

第九条　放射性物品运输容器设计单位应当建立健全档案制度，按照质量保证体系的要求，如实记录放射性物品运输容器的设计和安全性能评价过程。

进行一类放射性物品运输容器设计，应当编制设计安全评价报告书；进行二类放射性物品运输容器设计，应当编制设计安全评价报告表。

【释义】本条是关于放射性物品运输容器设计单位对设计过程的控制要求和控制职责的规定。

一、本条第一款明确规定放射性物品运输容器设计单位应当建立健全档案制度，建立一系列管理规定和措施，以保证放射性物品运输容器设计和安全性能评价相关档案能够及时的被收集齐全并整理归档，保证归档后的档案能够在其储存区内长久保存。这些管理规定和措施至少应当包括档案收集、档案贮存、档案检索、档案保管等内容，只有建立了一套完整、健全的档案制度，才能够保证放射性物品运输容器设计过程中的相关档案在要求的期限内完好地保存并备查。

质量记录管理是质量保证体系的一个重要控制要素，而保证记录的正确性、准确性、客观性和完整性是记录控制的关键环节。我国核安全法规《核电厂质量保证安全规定》（HAF003）及其导则中明确要求"所有质量保证记录都必须字迹清楚、完整，并与所记述的物项或服务相对应"，国际原子能机构（IAEA）颁布的《核电厂和其他核设施安全的质量保证》（No. 50 – C – QA）也规定"所有记录必须清晰、完整和可识别"。因此，按照本条例第八条相关规定建立了质量保证体系的放射性物品运输容器设计单位应当按照质量保证体系的要求，如实记录放射性物品运输容器的设计和安全性能评价过程。

二、本条第二款明确规定进行一类放射性物品运输容器设计的单位，应当编制设计安全评价报告书。国际原子能机构《放射性物品安全运输规程》（TS－R－1）规定对特殊形式放射性物品、低弥散放射性物品、装有等于或大于0.1kg 的六氟化铀的运输容器、装有易裂变材料的运输容器、B 型货包的运输容器、C 型货包的运输容器都应按要求向有关主管部门提供表明该货包设计符合所有可适用要求的文件证明。本款要求一类放射性物品运输容器设计单位编制设计安全评价报告书，其目的就是要求设计单位证明所设计的一类放射性物品运输容器满足规定的安全性能要求。关于放射性物品运输容器设计安全评价报告的编写要求按照国务院核安全监管部门发布的《放射性物品运输容器设计安全评价（分析）报告的标准格式和内容》（HAD701－01），主要包括：

1. 概述

明确货包的使用目的、类型、运输指数和临界安全指数等，并对货包进行描述。

2. 结构评价

描述、分析和确定对安全重要的运输容器、部件和系统的主要结构设计，并应描述货包满足相关法规标准的要求。

3. 热评价

描述、讨论、分析和确定对安全重要的运输容器、部件和系统的主要热工设计，并说明货包性能要求的符合情况。

4. 包容评价

明确货包的包容系统，描述货包如何满足标准中包容的要求。

5. 屏蔽评价

描述、讨论、分析和确定对安全重要的运输容器、部件和系统的主要屏蔽设计。

6. 临界评价

描述、讨论、分析和确定对安全有重要影响的货包、部件和系统的主要临界安全设计。

7. 货包操作规程

描述装载和准备运输的操作，给出具体实施的步骤。

8. 验收试验和维修大纲

按照标准描述运输容器的验收试验和维修大纲，应列出运输容器所有验收试验，描述保证运输容器持续性能的维修大纲。大纲必须包括定期试验、检查、更换计划及部件和子系统在需要时更换和维修准则。

本条第二款还规定了二类放射性物品运输容器设计单位，应对所设计的二类放射性物品运输容器编制设计安全评价报告表。这是条例考虑我国实际情况和放射性物品分类管理的立法原则，对于二类放射性物品运输容器相对于一类放射性物品运输容器设计文件要求的一种简化。二类放射性物品运输容器设计安全评价报告表，主要包括运输容器描述、运输容器的结构简图、结构评价、热评价、包容评价、屏蔽评价、运输容器操作规程、验收试验和维修大纲等方面的内容，具体要求按照国务院核安全监管部门发布的《放射性物品运输容器设计安全评价（分析）报告的标准格式和内容》（HAD701－01）附件 I。

第十条　一类放射性物品运输容器的设计，应当在首次用于制造前报国务院核安全监管部门审查批准。

申请批准一类放射性物品运输容器的设计，设计单位应当向国务院核安全监管部门提出书面申请，并提交下列材料：

（一）设计总图及其设计说明书；

（二）设计安全评价报告书；

（三）质量保证大纲。

【释义】本条是关于一类放射性物品运输容器设计审批提交申请文件的规定。

一、本条第一款规定一类放射性物品运输容器的设计应得到国务院核安全监管部门的审查批准，同时明确规定了设计报批的时间节点为"首次用于制造前"，即该设计第一次用于制造放射性物品运输容器产品之前。

一类放射性物品相对于二类、三类放射性物品而言，一旦在运输过程中发生核与辐射安全事故，将会导致比较严重的后果，此款旨在强调一类放射性物品运输容器的设计必须报国务院核安全监管部门审批后方可用于制造。

一类放射性物品运输容器设计单位应具备的条件、设计批准书申请、延续和变更等相关要求按照《放射性物品运输安全许可管理办法》执行。

二、本条第二款明确规定一类放射性物品运输容器设计单位应向国务院核安全监管部门提交的相关资料包括：

1. 设计总图及其设计说明书

申请批准一类放射性物品运输容器的设计，设计单位应该向国务院核安全监管部门提交设计总图及其设计说明书。设计总图是指运输容器的总体装配图（包括明细表和制造技术要求等），设计总图上的信息要足够详细且与运输容器的描述一致；设计说明书主要包括运输容器的使用目的、拟装载的内容物及其设计限值、拟使用的运输方式、栓系装置、设计寿期、设计标准等方面的相关内容。

2. 设计安全评价报告书

申请一类放射性物品运输容器的设计，设计单位应向国务院核安全监管部门提交设计安全评价报告书。设计安全评价报告书是设计单位在放射性物品运输容器的设计过程中，对涉及运输容器安全方面的分析计算、试验验证等方面的详细描述，从而证明货包设计满足相关法规和标准的要求。安全评价报告书应包括结构、热评价、包容、屏蔽、临界（如适用）、货包操作、验收准则和维修等方面内容，具体要求参考国务院核安全监管部门发布的《放射性物品运输容器设计安全评价（分析）报告的标准格式和内容》（HAD701 - 01）。

试验验证是评价放射性物品运输容器安全性能的重要手

段，为确认试验过程真实有效，满足标准要求，国务院核安全监管部门将对放射性物品运输容器的试验过程进行现场见证，这也是大多数国家核安全监管部门的做法。

3. 质量保证大纲

设计单位在一类放射性物品运输容器设计活动开始前，应当组织相关设计人员对运输容器的设计要求、相关法规标准等进行消化、分析，充分掌握设计输入要求，并予以明确；确定设计接口控制措施、设计验证方式和内容以及设计变更控制措施。设计单位在设计的各个阶段，应当按照确定的设计验证方式对其设计进行设计验证。在设计工作完成后，设计单位应当为该设计的制造单位提供必要的技术支持，所有这些活动只有通过一个健全和完善的体系的有序运行，才能保证各项活动有效进行。因此，为保证一类放射性物品运输容器设计过程及设计结果满足要求，设计单位在开展相关设计活动前，必须按照我国核安全法规《核电厂质量保证安全规定》（HAF003）的要求，编制质量保证大纲和程序文件，建立一套健全的质量保证体系并有效实施。

三、另外，在放射性物品运输容器设计的同时，需考虑放射性内容物的形态和物理化学性质。例如，将放射性内容物设计成特殊形式或低弥散，将有效地包容放射性物质，避免放射性物质的泄漏和扩散。因此，国际上规定特殊形式和低弥散放射性物品的密封结构可以视为放射性物品运输容器包容系统的一个组成部分，对其设计的管理，应该按照本条运输容器的设计管理要求实施审批。所谓特殊形式放射性物品是指不弥散的固体放射性物品或装有放射性物品的密封件；低弥散放射性物品是指固体放射性物品或者装在密封件里的固体放射性物品，其弥散性已受到限制且不呈粉末状。

第十一条　国务院核安全监管部门应当自受理申请之日起45个工作日内完成审查，对符合国家放射性物品运输安全标准的，颁发一类放射性物品运输容器设计批准书，并公告批准文号；对不符合国家放射性物品运输安全标准的，书面通知申请单位并说明理由。

【释义】本条是关于批准书申请审批程序和时限的规定。

拟从事一类放射性物品运输容器设计的单位应当按照本条例第十条的规定提交书面申请和相关证明材料，国务院核安全监管部门应当在《中华人民共和国行政许可法》规定的时限内作出是否予以受理的决定，对于提供的材料不齐全或不符合要求的申请单位，国务院核安全监管部门可以作出不予受理的决定。

国务院核安全监管部门应当自受理申请之日起45个工作日内完成设计批准书的行政审批工作，考虑到国务院核安全监管部门在作出行政审批决定前，可能需要组织专家进行技术评审，包括：文件审查、审评对话和试验见证等，根据《中华人民共和国行政许可法》的规定，技术审查和专家评审所需时间不计算在45个工作日内。

对提交的申请材料齐全、内容真实完整，经审查符合国家放射性物品运输安全标准的申请单位，应当予以颁发设计批准书，并通过网络等形式对颁发设计批准书的情况予以公开。对不符合国家放射性物品运输安全标准的，应书面通知申请单位并说明不予颁发设计批准书的理由。

第十二条　设计单位修改已批准的一类放射性物品运输容器设计中有关安全内容的，应当按照原申请程序向国务院核安全监管部门重新申请领取一类放射性物品运输容器设计批准书。

【释义】本条是对一类放射性物品运输容器设计修改管理要求的规定。

设计修改是指设计单位对已经批准的设计输出进行的修改。当这种修改涉及运输容器结构、热、包容、屏蔽和临界等安全性能相关的内容时，设计单位需要向国务院核安全监管部门提交设计修改的相关文件，并按照原申请程序重新申请领取一类放射性物品运输容器设计批准书。

在提交的设计修改申请中应明确所申请的修改内容、目的和原因等方面的内容，设计修改可能包括设计变更、已批准内容物的改变或批准条件的改变。设计修改的内容应在修订的最终设计输出文件中清晰地标注出来。在向国务院核安全监管部门提交的设计修改申请中应全面分析设计修改对运输容器的结构评价、热评价、包容评价、屏蔽评价、临界评价以及操作和维修等方面的影响，充分说明运输容器经过设计修改后仍然能够满足标准要求。

第十三条 二类放射性物品运输容器的设计，设计单位应当在首次用于制造前，将设计总图及其设计说明书、设计安全评价报告表报国务院核安全监管部门备案。

【释义】本条是关于二类放射性物品运输容器设计备案提交文件的规定。

一、本条首先明确了二类放射性物品运输容器的设计备案时间节点，即设计单位应当在二类放射性物品运输容器设计"首次用于制造前"报国务院核安全监管部门备案。国务院核安全监管部门对放射性物品运输容器设计活动负有监督管理职责，为保证监督工作有计划地、有针对性地实施，二类放射性物品运输容器设计单位必须在首次用于制造前向国务院核安全监管部门提交相关资料，以便于国务院核安全监管部门及时掌握放射性物品运输容器设计单位从事的相关活动信息，制定相应的监督检查内容和监督检查计划，按照法规要求开展监督检查活动。国务院核安全监管部门可以依法对申请单位提交的备案文件进行审查，也可对企业进行检查，发现问题进行处理。

二、提交备案的具体相关资料包括：

1. 设计总图及其设计说明书，设计总图是指运输容器的总体装配图（包括明细表和制造技术要求等），设计总图上的信息要足够详细且与运输容器的描述一致；设计说明书主要包括运输容器的使用目的、拟装载的内容物及其设计限值、拟使用的运输方式、栓系装置、设计寿期、设计标准等方面的相关内容。

2. 设计安全评价报告表，编写要求参考国务院核安全监管部门发布的《放射性物品运输容器设计安全评价（分析）报告的标准格式和内容》（HAD701-01）附件 I，主要包括运输容器描述、运输容器的结构简图、结构评价、热评价、包容评价、屏蔽评价、操作规程、验收试验和维修大纲等方面的内容。

第十四条   三类放射性物品运输容器的设计，设计单位应当编制设计符合国家放射性物品运输安全标准的证明文件并存档备查。

【释义】本条是关于三类放射性物品运输容器设计的管理规定。

本条明确规定对于三类放射性物品运输容器的设计，设计单位应当编制设计符合国家放射性物品运输安全标准的证明文件并存档备查。所谓符合国家放射性物品运输安全标准的证明文件主要包括：

1. 设计总图及其设计说明书，详见第十条释义。

2. 设计计算报告，包括设计输入条件、依据的标准、满足国家放射性物品运输安全标准要求的分析和计算文件以及参考文献等。

　　设计单位在设计三类放射性物品运输容器时，必须健全档案制度，按照质量保证体系的要求，对上述文件进行妥善保存，以供查阅。

第三章　放射性物品运输容器的
制造与使用

第十五条　放射性物品运输容器制造单位，应当按照设计要求和国家放射性物品运输安全标准，对制造的放射性物品运输容器进行质量检验，编制质量检验报告。

未经质量检验或者经检验不合格的放射性物品运输容器，不得交付使用。

【**释义**】本条是关于放射性物品运输容器制造质量检验的规定。

一、放射性物品运输容器制造的质量检验

根据本条例第六条的规定，放射性物品运输容器制造单位应当对所从事的放射性物品运输容器的制造活动负责。为确保放射性物品运输容器的质量，放射性物品运输容器的制造单位，应当按照设计要求和国家放射性物品运输安全标准，对制造的放射性物品运输容器质量进行检验，包括采购物项的检验、过程检验及最终检验，并客观、准确地编制质量检验报告。

1. 放射性物品运输容器制造质量检验的过程

放射性物品运输容器制造质量检验过程是由授权的检验人员，按照图纸、工艺文件等的要求进行检验，并如实记录检验结果，编制质量检验报告。

2. 检验的方法及内容

放射性物品运输容器制造质量检验的方法包括：采购物项的检验、过程检验及最终检验。采购物项检验是针对物项外购和分包进行的检验，如到货验收、源地验收等；过程检验是针对放射性物品运输容器的制造工序进行的相应检验，包括对工序过程的检验和工序完成后的检验，如对热处理、焊接等的过程检验，以及工序完成后的尺寸检验、无损检验、破坏性检验等；最终检验是针对放射性物品运输容器制造完成后最终进行的检验，如功能性试验等。

3. 检验要求

放射性物品运输容器制造质量检验应依据设计要求和国家放射性物品运输安全标准。本款中所述的"设计要求"主要是指放射性物品运输容器设计单位在设计完成后所提出的技术规格书和图纸等。

4. 编制质量检验报告

放射性物品运输容器制造单位应当客观、准确地将检验结果形成书面报告，报告中应至少包括检验部件名称和编号、检验依据文件、检验过程参数记录和检验结论。

二、检验合格交付放射性物品运输容器

未经检验或者经检验不合格的放射性物品运输容器一经交付验收，将给放射性物品运输的安全管理带来重大隐患。

因此，本条第二款规定未经检验或者经检验不合格的放射性物品运输容器，不得交付使用。交付的放射性物品运输容器应附有质量合格证明。

第十六条　从事一类放射性物品运输容器制造活动的单位，应当具备下列条件：

（一）有与所从事的制造活动相适应的专业技术人员；

（二）有与所从事的制造活动相适应的生产条件和检测手段；

（三）有健全的管理制度和完善的质量保证体系。

【释义】本条是关于从事一类放射性物品运输容器制造活动的单位应当具备的基本条件的规定。

本条规定旨在为从事一类放射性物品运输容器制造活动的单位设置基本条件。从事一类放射性物品运输容器制造活动的单位首先应当具备法人资格，法人资格是从事一类放射性物品运输容器制造活动的前提条件。从事一类放射性物品运输容器制造活动的单位，应当能够承担法律责任，即取得当地政府相关部门的注册登记，具备法人资格。同时本条从以下方面规定了一类放射性物品运输容器制造活动单位应当具备的基本条件：

一、具有所从事制造活动必需的人力资源

专业技术人员（包括技术工人）的经验、经历、技术能力、业务水平等是保证一类放射性物品运输容器制造质量的重要因素，因此，本条对从事一类放射性物品运输容器制造活动的专业技术人员提出了必须与制造活动相适应的要求。

从事一类放射性物品运输容器制造活动的单位应当确定内部岗位资格要求，配置与所从事制造活动相适应的专业技术人员，并制定相应的内部培训考核管理制度，定期对相关专业技术人员进行培训和考核，考核合格后的专业技术人员方可授权从事一类放射性物品运输容器制造中的专业技术工作，从而保障一类放射性物品运输容器制造活动质量。内部培训考核管理制度规定的培训考核内容应主要包括核安全法规、质量保证要求、标准规范、核安全基本知识，以及相关方面的专业技术知识等。

焊接和无损检验人员缺乏培训或经验不足，有可能导致产品质量出现问题，造成严重损失。通常，对于焊接和无损检验两类特种工艺人员普遍实施专业技术资格考核管理制度，目前国内各行业对于焊接和无损检验人员也采用专业技术资格考核的方式进行管理。鉴于焊接和无损检验在一类放射性物品运输容器制造过程中的重要性和特殊性，从事一类放射性物品运输容器的焊接和无损检验人员还需要接受核安全知识、相关标准规范等培训。因此，从事一类放射性物品运输容器焊接和无损检验活动的专业技术人员（即从事焊接和无损检验的操作人员），必须满足《民用核安全设备焊工焊接操作工资格管理规定》（HAF603）和《民用核安全设备无损检验人员资格管理规定》（HAF602）的要求，取得相应的资格后方可从事相应的工作。

本条例要求的专业技术人员还包括有其他资格要求的人员，如：理化检验人员、计量检定人员等也应当取得由相应机构颁发的资格证书。

二、具有与所从事的制造活动必需的生产条件和检测手段

1. 从事一类放射性物品运输容器制造活动的单位应当具备相应的制造车间、办公场地、仓库等工作场所，以及制造用设施和装备，如：起重运输设备、成形设备、机械加工设备、焊接设备、热处理设备等。

2. 从事一类放射性物品运输容器制造活动的单位应当具备相应的检测场地、探伤场所、试验室，以及相关设备，如：尺寸检验设备、试验设备、超声探伤设备、射线探伤装置、磁粉检验设备及相应的辅助手段等。

3. 同时，《放射性物品运输安全许可管理办法》还提出，从事一类放射性物品运输容器制造活动的单位应当具有与所从事制造活动相关或者相近的工作业绩。相关和相近工作业绩是确认制造单位管理、人员、技术、装备等各项能力的重要依据。未进行相关或相近的工作或者有不良质量记录的单位，也不具备从事制造活动的条件。"相关工作业绩"是指制造单位从事过与一类放射性物品运输容器相同的制造活动；"相近工作业绩"是指常规工业中相类似设备的制造活动业绩，或按照设计要求制作相应的模拟件。工作业绩还

满足国家放射性物品运输安全标准要求的分析和计算文件以及参考文献等。

　　设计单位在设计三类放射性物品运输容器时，必须健全档案制度，按照质量保证体系的要求，对上述文件进行妥善保存，以供查阅。

第三章　放射性物品运输容器的
制造与使用

第十五条　放射性物品运输容器制造单位，应当按照设计要求和国家放射性物品运输安全标准，对制造的放射性物品运输容器进行质量检验，编制质量检验报告。

未经质量检验或者经检验不合格的放射性物品运输容器，不得交付使用。

【释义】本条是关于放射性物品运输容器制造质量检验的规定。

一、放射性物品运输容器制造的质量检验

根据本条例第六条的规定，放射性物品运输容器制造单位应当对所从事的放射性物品运输容器的制造活动负责。为确保放射性物品运输容器的质量，放射性物品运输容器的制造单位，应当按照设计要求和国家放射性物品运输安全标准，对制造的放射性物品运输容器质量进行检验，包括采购物项的检验、过程检验及最终检验，并客观、准确地编制质量检验报告。

1. 放射性物品运输容器制造质量检验的过程

应包括所从事制造活动的技术储备情况，如：所从事一类放射性物品运输容器的关键技术等。

三、具有健全的管理制度和完善的质量保证体系

从事一类放射性物品运输容器制造活动的单位，具备了相应的人员能力、工作场所和设施装备以及必要的技术储备，只有通过健全的管理制度和完善的质量保证体系对这些资源进行合理的配置、调度、管理，对过程进行必要的监督和控制，才能合理发挥这些资源的作用，保证一类放射性物品运输容器的制造质量。

本条例规定建立完善的一类放射性物品运输容器相关的质量保证体系以及健全的安全管理制度是制造单位必须满足的必要条件之一。从事一类放射性物品运输容器制造活动的单位必须按照核安全监督管理要求编制相应的质量保证大纲及其程序文件，建立并有效运行相应的质量保证体系。

第十七条　从事一类放射性物品运输容器制造活动的单位，应当申请领取一类放射性物品运输容器制造许可证（以下简称制造许可证）。

申请领取制造许可证的单位，应当向国务院核安全监管部门提出书面申请，并提交其符合本条例第十六条规定条件的证明材料和申请制造的运输容器型号。

禁止无制造许可证或者超出制造许可证规定的范围从事一类放射性物品运输容器的制造活动。

【释义】本条是关于对运输容器制造许可的管理范围、申请材料和禁止事项的规定。

一、运输容器制造许可的管理范围

一类放射性物品相对于二类、三类放射性物品而言，一旦在运输过程中发生辐射安全事故，将带来比较严重的后果。一类放射性物品运输容器制造活动失控，会对一类放射性物品运输容器的质量产生影响，从而对放射性物品运输的安全管理造成潜在危害，因此，有必要对从事一类放射性物品运输容器制造活动的单位实行许可管理。

国务院核安全监管部门对拟从事一类放射性物品运输容器制造单位的人员、工作场所、设施装备、质量保证体系等方面进行评价和验证，满足要求的方可允许其开展一类放射性物品运输容器制造活动，通过这种许可管理方式可以保证我国一类放射性物品运输容器的质量，防止或减少由于一类放射性物品运输容器制造质量问题引起的放射性物品运输安全隐患。

因此，本条例要求从事一类放射性物品运输容器制造活动的单位在开展相关活动之前，必须申请领取相应的制造许可证。

二、申请单位必须提交的书面申请和证明材料

（一）书面申请

拟从事一类放射性物品运输容器制造活动的单位，首先应向国务院核安全监管部门提出书面申请，书面申请包括申请公文、申请书和申请制造的运输容器型号。申请公文是单位盖章的正式公函，内容包括：公文标题；主送机关（为

国家核安全局）；公文内容（写明申请的核安全法规依据、所申请的放射性物品运输容器的设计批准编号等）；取证工作联系人的姓名、职务和联系方式等。

（二）证明材料

拟从事一类放射性物品运输容器制造活动的单位在向国务院核安全监管部门提出书面申请的同时，还应当提交其符合本条例第十六条规定条件的证明材料，证明材料应当对本单位的质量保证能力、技术储备、人员及装备能力等进行全面的说明和描述，以证明具备从事所申请放射性物品运输容器制造活动的条件，满足本条例第十六条的要求。提交的申请材料包括：

1. 单位营业执照复印件；

2. 人员能力的说明（各专业技术人员的数量、专业配备、技术能力、焊接和无损检验人员的资格证书复印件等）；

3. 工作场所、设施和装备的能力说明和清单；

4. 质量保证大纲及其程序文件；

5. 其他相关证明材料，如：以往相关或相近的工作业绩的说明等。

三、禁止无证和超范围进行制造活动

许可证是经依法审查，准予其从事特定活动的凭证。根据本条第一款规定，相关单位在取得一类放射性物品运输容器制造许可证后方可从事相应的活动。因此，没有按规定取得许可证而擅自从事相应活动的行为是违法的，应严格禁止。

放射性物品运输容器制造许可证与设计批准书是对应的，取得制造许可证的单位只能按照许可证规定的具有设计批准书的运输容器型号按照设计要求进行制造，如果不按照许可证规定的运输容器型号进行制造，则属于超出制造许可证规定的范围从事一类放射性物品运输容器的制造活动，是要严格禁止的。

为保证一类放射性物品运输容器制造质量并最终保证放射性物品运输的安全管理，保障人体健康，保护环境，严禁未取得制造许可证或者超出制造许可证规定的范围从事一类放射性物品运输容器的制造活动。

第十八条　国务院核安全监管部门应当自受理申请之日起45个工作日内完成审查，对符合条件的，颁发制造许可证，并予以公告；对不符合条件的，书面通知申请单位并说明理由。

【释义】本条是关于许可证申请审批程序和时限的规定。

拟从事一类放射性物品运输容器制造活动的单位应当按照本条例第十七条的规定提交书面申请和相关证明材料，国务院核安全监管部门应当在《中华人民共和国行政许可法》规定的时限内作出是否予以受理的决定，对于申请单位所提供的材料不齐全或不符合要求的，国务院核安全监管部门可以作出不予受理的决定。

国务院核安全监管部门应当自受理申请之日起45个工作日内完成许可证的行政审批工作，考虑到国务院核安全监管部门在作出行政审批决定前，可能需要组织专家进行技术评审，包括：文件审查、审评对话和现场检查等，根据《中华人民共和国行政许可法》的规定，技术审查和专家评审所需时间不计算在45个工作日内。

对提交的申请材料齐全、内容真实完整，经审查符合从事一类放射性物品运输容器制造应当具备的条件的申请单位，应当予以颁发制造许可证，并通过网络等形式对颁发制造许可证的情况予以公开。对不符合条件的，应书面通知申请单位并说明不予颁发制造许可证的理由。

第十九条　制造许可证应当载明下列内容：

（一）制造单位名称、住所和法定代表人；

（二）许可制造的运输容器的型号；

（三）有效期限；

（四）发证机关、发证日期和证书编号。

【释义】　本条是关于制造许可证内容的规定。

本条规定了一类放射性物品运输容器制造许可证包含的主要内容，包括：制造单位名称、住所、法定代表人、许可制造的运输容器的型号、有效期限、发证机关、发证日期和证书编号等主要信息。国务院核安全监管部门将在许可证批文中给出许可的详细内容，如：设计批准编号、运输容器型号、主要关键工艺、运输容器特征参数、主要外购及分包项目和许可证条件等内容。制造许可证的格式和内容将由国务院核安全监管部门统一制定。

需要说明的是，运输容器制造许可证与设计批准书是对应的，申请制造许可证的前提是拟申请制造的运输容器的设计已获得设计批准编号。申请单位可以一次申请一个或多个已取得设计批准书的运输容器的制造许可证。

第二十条　一类放射性物品运输容器制造单位变更单位名称、住所或者法定代表人的，应当自工商变更登记之日起 20 日内，向国务院核安全监管部门办理制造许可证变更手续。

一类放射性物品运输容器制造单位变更制造的运输容器型号的，应当按照原申请程序向国务院核安全监管部门重新申请领取制造许可证。

【释义】本条是关于制造许可证变更的规定。

一、变更单位名称、住所或者法定代表人

根据《中华人民共和国行政许可法》第四十九条的规定，被许可人要求变更行政许可事项的，应当向作出行政许可决定的行政机关提出申请；符合法定条件、标准的，行政机关应当依法办理变更手续。被许可单位的单位名称、住所或者法定代表人中的任一项或多项发生改变的，应当自变更登记之日起 20 日内向国务院核安全监管部门申请办理许可证变更手续，提交相关的证明材料，如工商注册登记文件、变更说明和相关变更证明材料等。国务院核安全监管部门核准换发新许可证的同时，收回原许可证。变更后许可证的有效期将保留原许可证上规定的有效期。

二、变更制造的运输容器型号

持证单位只能从事许可证规定范围内的活动。当一类放射性物品运输容器制造单位需要变更已批准制造的运输容器型号时，必须按照原申请程序向国务院核安全监管部门重新申请领取制造许可证，由原审批部门重新审查核实持证单位现有的技术、管理等方面的能力，确认是否满足变更范围所必需的能力要求。

第二十一条 制造许可证有效期为 5 年。

制造许可证有效期届满，需要延续的，一类放射性物品运输容器制造单位应当于制造许可证有效期届满 6 个月前，向国务院核安全监管部门提出延续申请。

国务院核安全监管部门应当在制造许可证有效期届满前作出是否准予延续的决定。

【释义】本条是关于制造许可证有效期与制造许可证延续程序的规定。

一、本条第一款将一类放射性物品运输容器制造许可证的有效期定为 5 年。

二、本条第二款所述的"延续申请"针对拟在许可证有效期届满后继续从事一类放射性物品运输容器制造活动的持证单位。这些单位应当于制造许可证有效期届满6个月前向国务院核安全监管部门提出书面延续申请，并提交原许可证复印件、原许可证有效期内制造活动情况及变更说明、提供仍具备所从事制造活动能力的证明等，并应如实描述持证期间是否有违法行为、是否有不良记录等，以保证国务院核安全监管部门在其许可证有效期届满前完成必要的延续申请审查工作。许可证有效期届满6个月前未向国务院核安全监管部门提出延续申请的，视同自动放弃。

三、针对提出延续申请的持证单位，国务院核安全监管部门依照本章有关条款的规定进行受理并组织审查。国务院核安全监管部门应当在许可证有效期届满前完成全部审查工作，并作出是否准予延续的决定。对准予延续的申请单位，国务院核安全监管部门将颁发新的制造许可证。

本条第二款和第三款分别对申请单位和国务院核安全监管部门在申请和审查时限上作出规定，在申请单位按照规定提出延续申请后，国务院核安全监管部门必须保证在规定的时间内完成延续申请的审查过程，以避免由于审查工作的延误造成许可管理的失控。

第二十二条　从事二类放射性物品运输容器制造活动的单位，应当在首次制造活动开始30日前，将其具备与所从事的制造活动相适应的专业技术人员、生产条件、检测手段，以及具有健全的管理制度和完善的质量保证体系的证明材料，报国务院核安全监管部门备案。

【释义】本条是关于二类放射性物品运输容器制造单位首次制造活动备案的规定。

一、国务院核安全监管部门对放射性物品运输容器制造活动负有监督管理职责，为保证监督工作有计划地、有针对性地实施，二类放射性物品运输容器制造单位必须在首次制造活动开始 30 日前向国务院核安全监管部门提交相关资料备案，以便于国务院核安全监管部门及时掌握放射性物品运输容器制造单位从事的相关活动信息，确定相应的监督检查内容并制定监督检查计划，按照法规要求履行监督检查职责。国务院核安全监管部门可以依法对申请单位提交的备案文件进行审查，也可对企业进行检查，发现问题进行处理。

二、需提交的备案材料主要包括以下内容：

1. 专业技术人员（包括技术工人）的经验、经历、技术能力、业务水平等的说明。说明材料应明确从事二类放射性物品运输容器制造活动的单位已经确定内部岗位资质要求；配置了与拟从事活动相适应的专业技术人员；主要技术人员对相关安全法规、质量保证要求、标准规范、核安全基本知识以及相关方面的专业技术知识等已达到相当熟悉程度；焊接和无损检验人员、理化检验人员等已经取得了相应的资质。

2. 生产条件和检测手段等的说明，说明材料应明确从事二类放射性物品运输容器制造活动的单位已经配备相应的制造车间、办公场地、试验室、仓库等工作场所，以及制造用设施和装备，如：起重运输设备、成形设备、机加设备、焊接设备、热处理设备、检验试验装备等。

3. 健全的管理制度和完善的质量保证体系的证明材料，包括质量保证大纲、程序清单以及管理部门审查记录、内部监查等质保体系运行记录和拟执行的质量计划等。

第二十三条　一类、二类放射性物品运输容器制造单位，应当按照国务院核安全监管部门制定的编码规则，对其制造的一类、二类放射性物品运输容器统一编码，并于每年 1 月 31 日前将上一年度的运输容器编码清单报国务院核安全监管部门备案。

【释义】本条是关于一类、二类放射性物品运输容器编码管理的相关规定。

一、国际原子能机构《放射性物品安全运输规程》（TS－R－1）规定各国主管部门应对其颁发的批准证书指定一个识别标记，这种标记应采用下述通用形式：VRI/编号/类型代号。

1. VRI 代表证书颁发国的国际车辆注册识别代号，中国识别代号为 CN。

2. 编号应由主管部门指定，并且对于特定的设计或装运来说应是特有的和专用的。

3. 应按所列次序使用下述类型代号，以表示所颁发的批准证书的类型：

（1）AF：易裂变材料的 A 型货包设计；

（2）B（U）：B（U）型货包设计［若是易裂变材料，则为 B（U）F 型］；

（3）B（M）：B（M）型货包设计［若是易裂变材料，则为 B（M）F 型］；

（4）C：C 型货包设计（若是易裂变材料，则为 CF 型）；

（5）IF：易裂变材料的工业货包设计；

（6）S：特殊形式放射性物品；

（7）LD：低弥散放射性物品；

（8）T：装运；

（9）X：特殊安排。

非易裂变材料或例外的易裂变六氟化铀的货包设计，在不使用上述代号时，应使用下述类型代号：

H（U）单方批准；H（M）多方批准。

4. 对于货包设计和特殊形式放射性物品的批准证书，以及对于低弥散放射性物品的批准证书将符号"－96"加在类型代号的后面。

二、在上述国际识别标记编制规则的基础上，我国对放射性物品运输容器的设计批准和备案建立编号规则；对于一类、二类放射性物品运输容器制造编码，是在设计编号的基础上，增加制造单位编号和制造容器流水号，具体编码规则由国务院核安全监管部门制定，详见《放射性物品运输安全许可管理办法》附一"一类放射性物品运输容器设计和核与辐射安全分析报告批准编号规则"和附二"二类放射性物品运输容器设计备案编号规则"。

本条规定国务院核安全监管部门为一类、二类放射性物品运输容器专门制定容器的编码规则，通过容器编码使得每个一类或二类放射性物品运输容器都有一个专门的"身份证"。一类、二类放射性物品运输容器制造单位，应当按照国务院核安全监管部门制定的编码规则，对其制造的一类、二类放射性物品运输容器进行统一编码，并应采用挂标牌或喷涂等方式，将编码标识在放射性物品运输容器上。同时，一类、二类放射性物品运输容器制造单位还应在每年的1月31日前将上一年度的运输容器编码清单报国务院核安全监管部门备案。

第二十四条　从事三类放射性物品运输容器制造活动的单位，应当于每年1月31日前将上一年度制造的运输容器的型号和数量报国务院核安全监管部门备案。

【释义】本条是关于三类放射性物品运输容器备案管理的相关规定。

本条规定主要考虑到核安全监管部门监督管理的需求。与一类、二类放射性物品运输相比，三类放射性物品运输即使发生事故，对公众与环境造成的危害后果也较小，因此，虽然对三类放射性物品运输容器未按编码制度实施管理，也未对三类放射性物品运输容器提出实行行政许可管理和活动前备案的要求，但按照本条例第四十四条的规定，需要对三类放射性物品运输容器制造单位进行监管。三类放射性物品运输容器制造单位必须按照本条例第十五条的要求，对其制造的容器进行控制，按照设计要求和国家放射性物品运输安全标准，对制造的放射性物品运输容器进行质量检验，编制质量检验报告。考虑对三类放射性物品运输容器监督管理的需要，要求三类放射性物品运输容器制造单位将制造信息上报国务院核安全监管部门。因此，本条规定针对三类放射性物品运输容器的制造单位，应就运输容器的型号和数量实施年度申报制度，即在每年 1 月 31 日前将上一年度制造的运输容器的型号和数量报国务院核安全监管部门备案。

第二十五条 放射性物品运输容器使用单位应当对其使用的放射性物品运输容器定期进行保养和维护，并建立保养和维护档案；放射性物品运输容器达到设计使用年限，或者发现放射性物品运输容器存在安全隐患的，应当停止使用，进行处理。

一类放射性物品运输容器使用单位还应当对其使用的一类放射性物品运输容器每两年进行一次安全性能评价，并将评价结果报国务院核安全监管部门备案。

【释义】本条是关于放射性物品运输容器的保养维护和

定期安全评价的相关规定。

一、本条规定为保证运输容器在整个寿期内的正常使用要求必须对运输容器定期进行保养和维护。这些保养和维护必须根据运输容器的设计技术条件和设计安全分析报告中的要求，按照规定的程序进行。运输容器保养和维护的内容包括运输容器使用前的检查，定期的安全检查、易损件的维护和更换等活动。如容器外观目视检查、减震器外观目视检查、吊耳的外观检查、泄漏试验、密封圈的更换等。同时还应当对运输容器的保养和维护过程及结果进行记录并存档保存，以便于后续检查和维修活动的跟踪。对于在保养和维护过程中发生的问题，如焊缝出现裂纹、表面凹坑、表面锈蚀等，应进行专项维修，并对维修措施和维修结果进行记录。

放射性物品运输容器一旦达到设计年限时必须停止使用，原因在于运输容器设计时，设计单位均会给出一定时间内可能经历的累计载荷循环，以及在此时间内其他因素引起的材料劣化程度，进而确定运输容器的使用寿命。因此，当运输容器达到设计年限时，应当按照要求停止使用，如果需要继续使用则应当对运输容器的材料劣化程度等进行评价，评价合格后方可在申请延长的期限内继续使用。另外，在设计寿期内，运输容器还可能存在由于使用不当导致的材料性能加剧劣化，或者在使用过程中发现了设计或制造缺陷，或者同类运输容器使用经验反馈所昭示的一些潜在危险等。这些安全隐患有可能导致严重的辐射安全事故，因此一旦发现此类情况，即使运输容器没有达到设计年限，也必须立即停止使用，进行维修和维护等处理。经过处理后仍不能达到使用要求的，不得继续使用，应将运输容器进行退役处理。

二、本条第二款规定了一类放射性物品运输容器定期安全性能评价的时间间隔，要求每两年进行一次，并规定将评价结果报国务院核安全监管部门备案。放射性物品运输容器的设计寿命可达几十年之久，运输容器在这种长期的使用过程中不可避免的会出现损伤累积、材料劣化等性能降低的情况。放射性物品运输容器定期安全性能评价是通过对在用放射性物品运输容器的定期检查、维修和试验等方面活动的总结，全面评价运输容器目前的状态是否仍然满足设计规定的安全性能要求，保证运输容器在整个使用过程中的相关性能依然能够满足规定的使用要求，以确保放射性物品运输容器（在用容器）的使用安全。定期安全性能评价的主要内容包括：运输容器信息（包括运输容器运行历史、运输容器的检查和维修，以及运输容器的现状等）、运输容器的定期检查和试验（包括结构方面、包容方面、热方面、屏蔽方面、临界方面等）、定期安全性能评价（包括满足设计批准证书许可限制条件的评价、结构评价、包容评价、热评价、屏蔽评价、临界评价等），并给出放射性物品运输容器能否继续使用的结论。定期安全性能评价的方法有：目视检查、尺寸检查和无损检验，以及必要的试验，如压力试验、吊耳的载荷试验、泄漏试验、屏蔽试验和热试验等。

第二十六条　使用境外单位制造的一类放射性物

品运输容器的，应当在首次使用前报国务院核安全监管部门审查批准。

申请使用境外单位制造的一类放射性物品运输容器的单位，应当向国务院核安全监管部门提出书面申请，并提交下列材料：

（一）设计单位所在国核安全监管部门颁发的设计批准文件的复印件；

（二）设计安全评价报告书；

（三）制造单位相关业绩的证明材料；

（四）质量合格证明；

（五）符合中华人民共和国法律、行政法规规定，以及国家放射性物品运输安全标准或者经国务院核安全监管部门认可的标准的说明材料。

国务院核安全监管部门应当自受理申请之日起45个工作日内完成审查，对符合国家放射性物品运输安全标准的，颁发使用批准书；对不符合国家放射性物品运输安全标准的，书面通知申请单位并说明理由。

【释义】本条是对使用境外单位制造的一类放射性物品运输容器的监督管理规定。

一、本条第一款规定使用境外单位制造的一类放射性物品运输容器的，应得到国务院核安全监管部门的审查批准，同时明确规定了报批的时间节点为"首次使用前"，即境外单位制造的一类放射性物品运输容器首次在国内使用前。一类放射性物品相对于二类、三类放射性物品而言，一旦在运输过程中发生辐射安全事故，将带来比较严重的后果，此款旨在强调进口一类放射性物品运输容器必须报国务院核安全监管部门审批后方可使用。

二、本条第二款规定了使用境外单位制造的一类放射性物品运输容器的单位向国务院核安全监管部门提出书面申请时应当提交下列材料：

1. 设计单位所在国核安全监管部门颁发的设计批准文件的复印件。对于境外制造的一类放射性物品运输容器，要求其运输容器的设计应当通过设计单位所在国核安全监管部门的审批。

2. 设计安全评价报告书。设计安全评价报告书应包括对运输容器结构、热、包容、屏蔽和临界（如适用）等方面内容的全面安全性能评价以及相应的技术支持资料。设计安全评价报告书的格式和内容参见国务院核安全监管部门颁布的《放射性物品运输容器设计安全评价（分析）报告的标准格式和内容》（HAD701－01）。

3. 制造单位相关业绩的证明材料。制造单位必须通过以往的业绩充分说明运输容器制造单位有能力保证运输容器的制造质量。

4. 质量合格证明。质量合格证明应包括证明运输容器质量合格的所有文件，如材料检验合格证明、尺寸检验合格证明、焊缝质量合格证明以及相关性能试验报告等。

5. 申请使用的一类放射性物品运输容器的设计和制造能够满足中华人民共和国相关法律法规要求和国家放射性物品运输安全标准要求的必要的证明材料。如果在相应活动中拟采用国家放射性物品运输安全标准之外的标准，则该标准应当为国务院核安全监管部门认可的标准。

三、本条第三款规定国务院核安全监管部门应当自受理申请之日起45个工作日内完成批准书的行政审批工作，考虑到国务院核安全监管部门在作出行政审批决定前，可能需要组织专家进行技术评审，根据《中华人民共和国行政许可法》的规定，技术审查和专家评审所需时间不计算在45个工作日内。国务院核安全监管部门对符合国家放射性物品运输安全标准的，颁发使用批准书；对不符合国家放射性物品运输安全标准的，书面通知申请单位并说明理由。

四、使用境外单位制造的一类放射性物品运输容器，不只是进口运输容器，只要是入境运输的货包（运输容器加放射性内容物），即使相应的运输容器本身并不卖入国内，也应办理使用批准书。为便于管理和简化审批工作，对使用境外制造的一类放射性物品运输容器按以下两种方式进行管理：

1. 对进口一类放射性物品运输容器应按本条前述要求向国务院核安全监管部门申请使用批准书。

2. 对于境外一类放射性物品运抵或者途径中华人民共和国境内运输的容器，相应的运输容器本身并不卖入国内，采用简化的使用批准程序。这种情况不颁发使用批准书，但应在按照本条例第四十一条的规定申请放射性物品运输核与辐射安全分析报告书的同时提交相应的资料，国务院核安全监管部门需对其运输容器设计进行核实性审查。运输容器设计单位或者所有者，应当自行或者委托国内代理单位，向国务院核安全监管部门提交原设计国颁发的设计批准书复印件、设计安全分析报告书、制造质量合格证明等文件；经审查合格后，国务院核安全监管部门将给出我国的设计批准编号，并对允许进入中国境内运输的运输容器进行编码，获得我国设计批准编号的一类放射性物品运输容器方可入境运输放射性物品。

第二十七条　使用境外单位制造的二类放射性物品运输容器的，应当在首次使用前将运输容器质量合格证明和符合中华人民共和国法律、行政法规规定，以及国家放射性物品运输安全标准或者经国务院核安全监管部门认可的标准的说明材料，报国务院核安全监管部门备案。

【释义】本条是对境外单位制造的二类放射性物品运输容器报国务院核安全监管部门备案的相关规定。

一、对境外单位制造的二类放射性物品运输容器的管理，与对国内二类放射性物品运输容器的设计和制造管理模式和深度一样，即实施备案管理，并且明确规定了备案的时间节点为"首次使用前"，以便于国务院核安全监管部门的监督管理。备案的内容包括：

1. 运输容器制造质量合格证明

运输容器制造质量合格证明即运输容器制造质量合格的证明材料，如检验报告、试验报告，以及验收合格证明等。

2. 其他说明材料

（1）运输容器设计总图及其设计说明书、设计安全评价报告表；

（2）符合中华人民共和国法律、行政法规规定，以及国家放射性物品运输安全标准或者经国务院核安全监管部门认可的标准的说明材料。

二、需要说明的是，对使用境外制造的二类放射性物品运输容器也需按以下两种方式进行管理：

1. 对进口二类放射性物品运输容器应按本条前述要求向国务院核安全监管部门办理备案手续。

2. 对于境外二类放射性物品运抵或者途径中华人民共和国境内运输的，应在按照本条例第四十一条的规定办理辐射监测备案手续的同时，向国务院核安全监管部门提交设计总图、设计说明书、设计安全评价报告等资料，办理运输容器设计备案手续。

第二十八条　国务院核安全监管部门办理使用境外单位制造的一类、二类放射性物品运输容器审查批准和备案手续，应当同时为运输容器确定编码。

【释义】本条是对境外单位制造的一类、二类放射性物品运输容器编码的相关规定。

与本条例第二十三条对国内一类、二类放射性物品运输容器进行编码的规定一样，境外单位制造的一类、二类放射性物品运输容器也要求实施统一编码管理。但是境外单位制造的一类、二类放射性物品运输容器编码与国内制造的一类、二类放射性物品运输容器编码规则有两个主要差别：

一、对放射性物品运输容器编码的单位不同。境外单位制造的一类、二类放射性物品运输容器，由国务院核安全监管部门在办理使用境外单位制造的一类、二类放射性物品运输容器审查批准和备案手续时，同时为运输容器确定编码。而国内的一类、二类放射性物品运输容器由制造单位按照国务院核安全监管部门制定的编码规则进行编码。

二、放射性物品运输容器编码备案时间不同。对国内一类、二类放射性物品运输容器，其制造单位应当在统一编码后于每年 1 月 31 日前将上一年度的运输容器编码清单报国务院核安全监管部门备案。而境外制造运输容器的编码在一类、二类放射性物品运输容器审查批准和备案的同时，由国务院核安全监管部门编码并记录。

第四章 放射性物品的运输

第二十九条 托运放射性物品的，托运人应当持有生产、销售、使用或者处置放射性物品的有效证明，使用与所托运的放射性物品类别相适应的运输容器进行包装，配备必要的辐射监测设备、防护用品和防盗、防破坏设备，并编制运输说明书、核与辐射事故应急响应指南、装卸作业方法、安全防护指南。

运输说明书应当包括放射性物品的品名、数量、物理化学形态、危害风险等内容。

【释义】本条是对放射性物品托运条件的规定。

一、货物来源要合法

为了避免不法分子托运非法得到的放射性物品，本条规定托运放射性物品时，托运人应当向承运人出示合法持有该放射性物品的证明或者其他有效证明。按照我国现有法律、行政法规规定，持有核材料的单位必须取得核材料许可证，对于核技术利用单位必须持有辐射安全许可证，对于铀（钍）矿和伴生放射性矿开发利用单位则必须持有采矿许可证。

二、货包包装要符合要求

托运人负责放射性物品运输的核与辐射安全是放射性物

品运输安全管理的基本原则之一。放射性危害具有极高的危险性和极强的隐蔽性，一旦发生，后果非常严重。防治工作技术性强、危险程度高、社会敏感性大，往往还需要在特殊的工作场所，使用专业设备才能操作放射性物品。一般的承运人的从业人员不具备相应的知识和技术，也不具有必要的设施、设备。另外，各种辐射危害的控制措施应该在提交托运前就已经得到落实，一般不能依靠运输过程中的行政管理措施保障辐射安全。运输容器是保障放射性物品运输安全的首要手段，托运人必须将拟运输的放射性物品按照有关标准要求进行分类，使用满足标准要求的运输容器，包装完成后，密封、清洗去污，监测货包表面污染和辐射剂量水平，确保货包完整且未受污染，方可提交运输。

三、提供必要的设备

为了保证放射性物品运输安全，托运人在货包启运前应当配备必要的辐射监测设备、防护用品和防盗、防破坏设备。

四、提交必要的信息

向承运人和相关方提交运输放射性物品所需要的信息，也是托运人的责任之一。这种信息至少应包括：对货包、外包装物或货物容器的装载、堆放、搬运和卸载等的补充要求，包括用于安全散热的任何特殊的堆放规定，或毋需作出这类要求的说明；关于运输方式或运输工具的限制，以及任何必要的运输路线的指示；适用于托运货物的应急安排等。因此，本条要求托运人编制运输说明书、核与辐射事故应急响应指南、装卸作业方法和安全防护指南，指导承运人或相关人员的工作。运输说明书至少应包括所托运放射性物品的品名、数量、物理化学形态、危害风险等内容，放射性物品的品名应与《放射性物品分类和名录》中的名称一致。

第三十条　托运一类放射性物品的，托运人应当委托有资质的辐射监测机构对其表面污染和辐射水平实施监测，辐射监测机构应当出具辐射监测报告。

托运二类、三类放射性物品的，托运人应当对其表面污染和辐射水平实施监测，并编制辐射监测报告。

监测结果不符合国家放射性物品运输安全标准的，不得托运。

【释义】本条是关于放射性物品运输辐射监测的有关规定。

本条规定了托运的放射性物品必须经监测合格后方可运输，并对不同类别放射性物品的辐射监测作出了不同的规定。

一、放射性物品运输的辐射监测

根据本条例第六条的规定，放射性物品的托运人应当在放射性物品运输中采取有效的辐射防护和安全保卫措施，并对放射性物品运输中的核与辐射安全负责。由于放射性物品运输是一个流动的活动，所托运的货包必须满足《放射性物品安全运输规程》（GB11806—2004）规定的要求后方可运输，否则可能给公众和环境带来危害。为确保放射性物品运输的核与辐射安全，必须对货包表面污染和辐射水平实施监测，并根据监测结果客观、准确地编制辐射监测报告。

（一）辐射监测内容

按照《放射性物品安全运输规程》（GB11806—2004）规定，放射性物品运输的辐射监测包括货包及运输车辆的表面污染监测和辐射水平监测，如：

1. 货包的表面污染；

2. 货包或外包装外表面上任一点的辐射水平；

3. 距货包外表面 1 m 处的任一点的辐射水平；

4. 非独家使用方式运输的托运货物在距运输工具外表面 2 m 处的辐射水平；

5. 按独家使用方式运输的托运货物：运输车辆外表面（包括上、下表面）上任一点的辐射水平，或者就敞式车辆而言，在那些由车辆外缘延伸的铅直平面上、装运物的上表面上以及车辆下部外表面上任一点的辐射水平；距由车辆外侧面延伸的铅直平面 2 m 处的任一点的辐射水平，或者就敞式车辆而言，在距由车辆外缘延伸的铅直平面 2 m 处的任一点的辐射水平。

（二）一类放射性物品的辐射监测

为了加强对辐射风险较高的放射性物品运输的管理，本条第一款规定托运一类放射性物品的，托运人应当委托有资质的辐射监测机构对其表面污染和辐射水平实施监测，辐射监测机构应当出具辐射监测报告。

（三）二类、三类放射性物品的辐射监测

本条第二款规定："托运二类、三类放射性物品的，托运人应当对其表面污染和辐射水平实施监测，并编制辐射监测报告。"对于二类、三类放射性物品，由于其数量较大，且与一类放射性物品相比风险比较低，因此不强制由专门的辐射监测机构进行表面污染和辐射水平的监测。如果托运人有相应的辐射监测能力，托运人可以自行对拟托运的二类、三类放射性物品实施辐射监测，并编制辐射监测报告；如果托运人不具备相应的辐射监测能力，则应当委托有资质的辐射监测机构实施监测，并由辐射监测机构出具辐射监测报告。

二、辐射监测机构的资质

辐射监测机构的资质管理依据《中华人民共和国放射性污染防治法》第十四条国家对从事放射性污染监测工作的机构实行资质管理制度实施。

三、辐射监测合格托运放射性物品

没有经过辐射监测或辐射监测结果不符合国家放射性物品运输安全标准的放射性物品，不得托运。

第三十一条 承运放射性物品应当取得国家规定的运输资质。承运人的资质管理，依照有关法律、行政法规和国务院交通运输、铁路、民航、邮政主管部门的规定执行。

【释义】 本条是关于承运放射性物品的承运人资质要求。

由于放射性物品属于危险品，根据我国现有法律、行政法规，无论通过道路、铁路还是航空运输危险品，承运人均需向主管部门申请运营资质：

《中华人民共和国道路运输条例》第二十五条第一款第二项规定："从事危险货物运输经营的，向设区的市级道路运输管理机构提出申请。"因此，承运道路运输放射性物品的承运人，应当按此条例规定取得相应的资质。

《铁路运输安全保护条例》第五十条规定了办理危险货物铁路运输的承运人应当具备的条件。第五十二条规定："申请从事危险货物承运、托运业务的，应当向铁路管理机构提交证明符合第五十条、第五十一条规定条件的证明文件。铁路管理机构应当自收到申请之日起 20 日内作出批准或者不予批准的决定。决定批准的，发给相应的资格证明；不予批准的，应当书面通知申请人并说明理由。"因此，承运铁路运输放射性物品的承运人，应当按此条例规定取得相应的资质。

按照《国务院对确需保留的行政审批项目设定行政许可的决定》（国务院令第 412 号）的规定，"航空营运人运输危险品资格批准"属于法律、行政法规以外的规范性文件设定，但确需保留且符合《中华人民共和国行政许可法》第十二条规定事项的行政审批项目，实施机关为民航总局民航地区管理局。

第三十二条　托运人和承运人应当对直接从事放

射性物品运输的工作人员进行运输安全和应急响应知识的培训，并进行考核；考核不合格的，不得从事相关工作。

托运人和承运人应当按照国家放射性物品运输安全标准和国家有关规定，在放射性物品运输容器和运输工具上设置警示标志。

国家利用卫星定位系统对一类、二类放射性物品运输工具的运输过程实行在线监控。具体办法由国务院核安全监管部门会同国务院有关部门制定。

【释义】 本条是关于托运人和承运人对从事放射性物品运输人员的培训考核义务和警示标志设置的规定，以及利用卫星定位系统对放射性物品运输过程进行在线监控的规定。

一、本条第一款规定从事放射性物品运输的工作人员，包括从事分类放射性物品、包装放射性物品、标记放射性物品和张贴标签、编制放射性物品运输文件、提供或接受需要运输的放射性物品、在运输中搬运或操作放射性物品、在放射性物品货包上张贴标记或告示牌、将放射性物品货包装入或卸出运输工具和货物集装箱的人员，以及以其他方式直接参与经主管部门确定的放射性物品运输的人员，均须接受包括下述具体培训内容在内的运输安全和应急响应知识培训：

1. 一般认识/熟悉培训：

（1）每个人均须接受旨在熟悉本条例的一般性规定的培训；

（2）这类培训还须包括：放射性物品分类说明；张贴标签、标记和告示牌以及包装和隔离的要求；放射性物品运输文件的目的和内容的描述；以及现有应急响应文件的讲解；等等。

2. 针对具体职能的培训：

每个人均须接受适应其所履行的职能的具体放射性物品运输要求方面的详细培训。

3. 安全培训。与发生释放情况时照射危险和所履行的职能相适应，每个人均须接受下述培训：

（1）避免事故发生的方法和程序，如正确使用包装操作设备和装载放射性物品的适当方法等；

（2）现有应急响应资料和如何利用资料；

（3）各类放射性物品所具有的一般性危险，以及如何避免受到这些危害照射，包括必要时使用个人防护服和设备等；

（4）在无意识造成放射性物品释放的情况下需要遵循的紧急程序，包括当事人有责任采取的任何应急响应程序和需要遵循的人员防护程序等。

这些培训应由托运人和承运人负责实施并考核，应当颁发合格证并应定期复训。相关人员也可以参加国务院核安全监管部门授权机构组织的辐射安全培训。对于考核不合格的人员，不得从事放射性物品运输相关工作。

二、本条第二款规定托运人和承运人应当按照国家放射性物品运输安全标准和国家有关规定，在放射性物品运输容器和运输工具上设置警示标志，按照《放射性物品安全运输规程》（GB11806—2004）6.12节的要求，设置警示标志，包括作标记、贴标志和挂标牌。

三、本条第三款规定国家利用卫星定位系统对一类、二类放射性物品运输工具的运输过程实行在线监控。卫星定位系统即全球定位系统，可以用来对放射性物品运输实时定位和监控，使有关部门可以实时掌握放射性物品运输状态，既便于放射性物品的管理，又有利于放射性物品运输的安全保障。

同时，国务院核安全监管部门可以会同国务院有关部门制定有关利用卫星定位系统对一类、二类放射性物品运输工具的运输过程实行在线监控的具体办法。

第三十三条　托运人和承运人应当按照国家职业病防治的有关规定，对直接从事放射性物品运输的工作人员进行个人剂量监测，建立个人剂量档案和职业健康监护档案。

【释义】本条是关于运输人员辐射防护的规定。

《电离辐射防护与辐射源安全基本标准》（GB18871—2002）规定，应对任何工作人员的职业辐照水平进行控制，使之不超过下述限值：①由审管部门决定的连续5年的年平均有效剂量（但不可作任何追溯平均），20mSv；②任何一年中的有效剂量，50mSv；③眼晶体的年当量剂量，

150mSv；④四肢（手和足）或皮肤的年当量剂量，500mSv。

为保证工作人员职业辐照水平不超过上述国家标准控制限值，对直接从事生产、销售、使用放射性同位素和射线装置的工作人员均应进行个人剂量监测，具体来说，对于任何可能受到显著职业照射的工作人员或者其职业辐照剂量可能大于5mSv/a的工作人员，必须进行个人剂量监测。同时，用人单位必须为每一位工作人员都保存职业辐照记录，记录保存时限为在工作人员年满75岁之前或工作人员停止辐射工作后30年。

《中华人民共和国职业病防治法》第二条第二款规定："本法所称职业病，是指企业、事业单位和个体经济组织等用人单位的劳动者在职业活动中，因接触粉尘、放射性物质和其他有毒、有害因素而引起的疾病。"第二十一条规定：用人单位应建立、健全职业卫生档案和劳动者健康监护档案；建立、健全工作场所职业病危害因素监测及评价制度。第二十六条第二款规定："对放射工作场所和放射性同位素的运输、贮存，用人单位必须配置防护设备和报警装置，保证接触放射线的工作人员佩戴个人剂量计。"因此，用人单位应该为劳动者建立个人剂量档案和职业健康监护档案，并按照《中华人民共和国档案法》和《中华人民共和国档案法实施办法》等规定的有关要求进行保存和管理。

根据个人剂量档案和健康监护档案，用人单位可以准确掌握每个工作人员的辐照情况和健康状况，从而合理安排工作内容，避免工作人员的过量照射。

第三十四条　托运人应当向承运人提交运输说明书、辐射监测报告、核与辐射事故应急响应指南、装卸作业方法、安全防护指南，承运人应当查验、收存。托运人提交文件不齐全的，承运人不得承运。

【释义】本条是关于托运人向承运人提交文件的规定。

托运人的责任之一是必须向承运人和相关方提供运输放射性物品所必需的信息，并且必须在启运前将这些信息以书面形式提交给承运人。这些资料包括运输说明书、辐射监测报告、核与辐射事故应急响应指南、装卸作业方法、安全防护指南等，在实际操作中也可将运输说明书、装卸作业方法、安全防护指南合并为一个文件。这些信息一方面能够指导承运人的运输，另一方面在出现事故情况下也能够给救援人员提供必要的信息和现场行动指导。承运人在启运前应当向托运人索要相关资料，并认真查验、收存。如果托运人没有提交文件或提交的文件不齐全，承运人不得承运。

第三十五条　托运一类放射性物品的，托运人应当编制放射性物品运输的核与辐射安全分析报告书，报国务院核安全监管部门审查批准。

放射性物品运输的核与辐射安全分析报告书应当包括放射性物品的品名、数量、运输容器型号、运输方式、辐射防护措施、应急措施等内容。

国务院核安全监管部门应当自受理申请之日起45

个工作日内完成审查，对符合国家放射性物品运输安全标准的，颁发核与辐射安全分析报告批准书；对不符合国家放射性物品运输安全标准的，书面通知申请单位并说明理由。

【释义】本条是关于一类放射性物品运输审批的规定。

一、对部分高风险放射性物品运输实施审批是国际惯例，国际原子能机构（IAEA）发布的《放射性物品安全运输规程》（TS－R－1）明确了装运审批要求（APPROVAL OF SHIPMENTS），相关国家均根据此规定并结合本国的实际情况设置了类似的运输审批。在本条例起草过程当中，结合我国国情，对一类放射性物品运输进行审批，将原有的放射性物品运输安全分析报告和环境影响评价报告合并为核与辐射安全分析报告作为主要审批申请文件。

本条第一款规定了一类放射性物品的托运人应当首先申请取得放射性物品运输的核与辐射安全分析报告批准书，即编制放射性物品运输的核与辐射安全分析报告书，报国务院核安全监管部门审查批准。

相对于二类、三类放射性物品而言，一类放射性物品的运输环节潜在风险高，一旦出现问题，将对公众和环境产生严重影响。本条赋予了国务院核安全监管部门对放射性物品运输环节安全监管职责，以最终保证一类放射性物品的运输安全。

二、本条第二款规定了放射性物品运输的核与辐射安全分析报告书应该包括的主要内容：

1．货包的说明，如放射性物品的品名、放射性物品的最大装载数量以及运输容器的型号等；

2．运输方案，如运输方式、运输目的地、运输的有效期、运输路线等；

3．正常运输和事故工况时辐射影响的分析；

4．质量保证大纲；

5．辐射防护措施、应急措施等。

核与辐射安全分析报告书应当针对放射性物品最大装载数量进行分析，对运输路线的分析，可以针对可能造成最大危险的运输路线进行分析评价。如果这种保守分析方法能够满足规定要求时，可以不再针对具体的运输路线进行分析评价。当保守分析方法不能满足规定要求时，申请者应针对具体线路进行具体分析。放射性物品运输的核与辐射安全分析报告书标准格式和内容将由国务院核安全监管部门制定。

三、本条第三款规定了国务院核安全监管部门审批程序和时限。

拟托运一类放射性物品的托运人，应当按照本条第二款的规定提交书面申请和相关证明材料，国务院核安全监管部门应当自受理申请之日起在 45 个工作日内完成核与辐射安全分析报告批准书的行政审批工作，考虑到国务院核安全监管部门在作出行政审批决定前，可能需要组织专家进行技术评审，根据《中华人民共和国行政许可法》的规定，技术审查和专家评审所需时间不计算在 45 个工作日内。

申请单位提交的申请材料齐全、内容真实完整，申请单位各项能力经审查符合国家放射性物品运输安全标准的，应当予以颁发核与辐射安全分析报告批准书，并通过网络等形式对颁发核与辐射安全分析报告批准书的情况予以公开。对不符合国家放射性物品运输安全标准的，应书面通知托运人并说明理由。

第三十六条　放射性物品运输的核与辐射安全分析报告批准书应当载明下列主要内容：

（一）托运人的名称、地址、法定代表人；

（二）运输放射性物品的品名、数量；

（三）运输放射性物品的运输容器型号和运输方式；

（四）批准日期和有效期限。

【释义】本条是关于核与辐射安全分析报告批准书内容的规定。

本条规定了放射性物品运输的核与辐射安全分析报告批准书应注明的主要内容，包括：托运人的名称、地址、法定代表人、运输放射性物品的品名和数量、运输放射性物品的运输容器型号、运输方式、运输工具的类型和货物集装箱的限制，以及必要的运输路线的指示、监管部门指定的识别标记、批准日期、有效期限等主要信息。

第三十七条 一类放射性物品启运前，托运人应当将放射性物品运输的核与辐射安全分析报告批准书、辐射监测报告，报启运地的省、自治区、直辖市人民政府环境保护主管部门备案。

收到备案材料的环境保护主管部门应当及时将有关情况通报放射性物品运输的途经地和抵达地的省、自治区、直辖市人民政府环境保护主管部门。

【释义】 本条是关于一类放射性物品运输的辐射监测备案的规定。

一、一类放射性物品具有大量的放射性，在运输过程中存在比较高的潜在风险，为了保证一类放射性物品的运输安全，加强对一类放射性物品运输的监督管理是十分必要的。本条第一款明确提出了托运人必须在开始运输前进行备案，即托运人应按照《放射性物品运输安全许可管理办法》的要求填写"一类放射性物品运输辐射监测备案表"，并向启运地的省、自治区、直辖市人民政府环境保护主管部门提交相关备案资料，以便环境保护主管部门能够及时准确地掌握辖区内高风险放射性物品运输的情况，有计划地、有针对性地实施监督管理。

二、提交的具体相关资料如下：

1. 放射性物品运输的核与辐射安全分析报告批准书

按照本条例第三十五条的规定，拟托运一类放射性物品的托运人，应当首先编制放射性物品运输的核与辐射安全分析报告书，报国务院核安全监管部门审查，取得核与辐射安全分析报告批准书。因此，托运人在开始运输前，必须将已取得的核与辐射安全分析报告批准书，报启运地的省、自治区、直辖市人民政府环境保护主管部门备案，以便于环境保护主管部门核实其是否具备核与辐射安全分析报告批准书。

2. 辐射监测报告

按照本条例第三十条的规定，托运一类放射性物品的，托运人应当委托有资质的辐射监测机构对其表面污染和辐射水平实施监测，辐射监测机构应当出具辐射监测报告。

托运人在开始运输前，应向启运地的省、自治区、直辖市人民政府环境保护主管部门提交辐射监测报告，以便于环境保护主管部门掌握托运人拟运输的一类放射性物品的表面污染和辐射水平，并核实监测结果是否符合国家放射性物品运输安全标准的要求。

三、启运地的省、自治区、直辖市人民政府环境保护主管部门收到备案材料后，经核对符合要求，应当及时将有关情况通报放射性物品运输的途经地和抵达地的省、自治区、直辖市人民政府环境保护主管部门，以便途经地和抵达地的各环境保护主管部门及时了解拟托运的一类放射性物品的情况，一旦有突发性事件发生，能够及时妥善处理。

第三十八条　通过道路运输放射性物品的，应当经公安机关批准，按照指定的时间、路线、速度行驶，并悬挂警示标志，配备押运人员，使放射性物品处于押运人员的监管之下。

通过道路运输核反应堆乏燃料的，托运人应当报国务院公安部门批准。通过道路运输其他放射性物品的，托运人应当报启运地县级以上人民政府公安机关批准。具体办法由国务院公安部门商国务院核安全监管部门制定。

【释义】本条是关于公安部门对道路运输放射性物品的管理要求。

一、《中华人民共和国道路交通安全法》第四十八条第三款规定："机动车载运爆炸物品、易燃易爆化学物品以及剧毒、放射性等危险物品，应当经公安机关批准后，按指定的时间、路线、速度行驶，悬挂警示标志并采取必要的安全措施。"《中华人民共和国道路运输条例》第二十八条第一款规定："运输危险货物应当配备必要的押运人员，保证危险货物处于押运人员的监管之下，并悬挂明显的危险货物运输标志。"因此，本条第一款规定道路运输放射性物品须经公安部门批准，按照指定的时间、路线、速度行驶，并悬挂警示标志。同时，为保证放射性物品的运输安全，本条还规定道路运输放射性物品必须配备押运人员，使放射性物品处于押运人员的监管之下。

二、本条第二款进一步规定核反应堆乏燃料运输须经国务院公安部门批准，其他放射性物品的运输由启运地县级以上人民政府公安机关批准，这体现分类管理、分级审批的思想。为了方便放射性物品运输的托运人报批，简化审批手续，本条第二款强调通过道路运输其他放射性物品的，应由启运地县级以上人民政府公安机关批准。

道路运输放射性物品的具体办法由国务院公安部门商国务院核安全监管部门制定。

第三十九条 通过水路运输放射性物品的，按照水路危险货物运输的法律、行政法规和规章的有关规定执行。

通过铁路、航空运输放射性物品的，按照国务院铁路、民航主管部门的有关规定执行。

禁止邮寄一类、二类放射性物品。邮寄三类放射性物品的，按照国务院邮政管理部门的有关规定执行。

【释义】本条是与其他运输方式法律法规衔接的规定。

本条例重点是管理放射性物品的核与辐射安全问题。我国交通运输的管理体制是根据行业划分的，水路、铁路、航空运输主管部门对危险品运输还有各自的管理规定。这就要求通过水路、铁路、航空运输放射性物品时，除了满足本条例的要求，还应当遵守主管部门关于危险运输的有关规定。

一、水路运输放射性物品的规定

1. 《中华人民共和国海上交通安全法》第三十二条规定："船舶、设施储存、装卸、运输危险货物，必须具备安全可靠的设备和条件，遵守国家关于危险货物管理和运输的规定。"第三十三条规定"船舶装运危险货物，必须向主管机关办理申报手续，经批准后，方可进出港口或装卸。"

2.《中华人民共和国港口法》第三十四条规定："船舶进出港口，应当依照有关水上交通安全的法律、行政法规的规定向海事管理机构报告。海事管理机构接到报告后，应当及时通报港口行政管理部门。船舶载运危险货物进出港口，应当按照国务院交通主管部门的规定将危险货物的名称、特性、包装和进出港口的时间报告海事管理机构。海事管理机构接到报告后，应当在国务院交通主管部门规定的时间内作出是否同意的决定，通知报告人，并通报港口行政管理部门。但是，定船舶、定航线、定货种的船舶可以定期报告。"第三十五条规定："在港口内进行危险货物的装卸、过驳作业，应当按照国务院交通主管部门的规定将危险货物的名称、特性、包装和作业的时间、地点报告港口行政管理部门。港口行政管理部门接到报告后，应当在国务院交通主管部门规定的时间内作出是否同意的决定，通知报告人，并通报海事管理机构。"

二、铁路运输放射性物品的规定

《铁路运输安全保护条例》第三十八条第三款规定："用于危险化学品和放射性物质铁路运输的罐车及其他容器的生产和检测、检验，依照有关法律、行政法规的规定管理。"第五十条规定办理危险货物铁路运输的承运人，应当具备的条件。第五十一条规定办理危险货物铁路运输的托运人应当具备的条件。第五十二条规定："申请从事危险货物承运、托运业务的，应当向铁路管理机构提交证明符合第五十条、第五十一条规定条件的证明文件。铁路管理机构应当自收到申请之日起20日内作出批准或者不予批准的决定。决定批准的，发给相应的资格证明；不予批准的，应当书面通知申请人并说明理由。"

此外，铁路运输托运人和承运人还需遵守《铁路危险货物托运人资质许可办法》和《铁路危险货物承运人资质许可办法》等相关部门规定。

三、航空运输放射性物品的规定

《中华人民共和国民用航空法》第一百零一条第一款规定："公共航空运输企业运输危险品，应当遵守国家有关规定。"第四款规定："危险品品名由国务院民用航空主管部门规定并公布。"

四、为保证放射性物品的运输安全，本条例规定禁止邮寄一类、二类放射性物品。邮寄三类放射性物品的，应当按照国务院邮政管理部门的有关规定执行。

第四十条 生产、销售、使用或者处置放射性物品的单位，可以依照《中华人民共和国道路运输条例》的规定，向设区的市级人民政府道路运输管理机构申请非营业性道路危险货物运输资质，运输本单位的放射性物品，并承担本条例规定的托运人和承运人的义务。

申请放射性物品非营业性道路危险货物运输资质的单位，应当具备下列条件：

（一）持有生产、销售、使用或者处置放射性物品的有效证明；

（二）有符合本条例规定要求的放射性物品运输容器；

（三）有具备辐射防护与安全防护知识的专业技术人员和经考试合格的驾驶人员；

（四）有符合放射性物品运输安全防护要求，并经检测合格的运输工具、设施和设备；

（五）配备必要的防护用品和依法经定期检定合格的监测仪器；

（六）有运输安全和辐射防护管理规章制度以及核与辐射事故应急措施。

放射性物品非营业性道路危险货物运输资质的具体条件，由国务院交通运输主管部门会同国务院核安全监管部门制定。

【释义】本条是关于非营业性道路危险货物运输资质的规定。

一、非营业性道路危险货物运输资质

由于放射性物品运输操作具有技术性较强、运输量比较少、专业运输公司相对较少的特点，且在实际生产过程中，放射性物品运输大多为送货制模式，生产、销售、使用或者处置放射性物品的单位具有专业的技术人员和设备，因此，本条第一款规定"生产、销售、使用或者处置放射性物品的单位，可以依照《中华人民共和国道路运输条例》的规定，向设区的市级人民政府道路运输管理机构申请非营业性道路危险货物运输资质"，即生产、销售、使用或者处置放射性物品的单位运输本单位的放射性物品时（例如放射源生产单位运输新源和回收旧源的运输活动，城市放射性废物库回收放射性废物的运输活动，射线装置检测单位实施的作业运输活动等），可向设区的市级人民政府道路运输管理机构申请非营业性道路危险货物运输资质。

本条依照的《中华人民共和国道路运输条例》的具体条款是第二十五条，规定"从事危险货物运输经营的，向设区的市级道路运输管理机构提出申请。"

二、托运人和承运人

生产、销售、使用或者处置放射性物品的单位运输本单位的放射性物品时，应承担本条例规定的托运人和承运人的义务。

三、本条第二款规定了申请放射性物品非营业性道路危险货物运输资质的单位应具备的条件，即：

1. 持有生产、销售、使用或者处置放射性物品的有效证明

按照我国现有法律、行政法规规定，持有核材料的单位必须取得核材料许可证，对于核技术利用单位必须持有辐射

安全许可证，对于铀（钍）矿和伴生放射性矿开发利用单位必须持有采矿许可证。

2. 有符合本条例规定要求的放射性物品运输容器

运输容器是保障放射性物品运输安全的首要手段，生产、销售、使用或者处置放射性物品的单位申请放射性物品非营业性道路危险货物运输资质时，必须将拟运输的放射性物品按照有关标准要求进行分类，并使用符合本条例规定要求的放射性物品运输容器，即其运输容器应与拟运输的放射性物品类别相适应且满足标准要求。

3. 有具备辐射防护与安全防护知识的专业技术人员和经考试合格的驾驶人员

放射性物品运输过程中，可能会有放射性泄漏风险，因此，生产、销售、使用或者处置放射性物品的单位申请放射性物品非营业性道路危险货物运输资质时，应有具备辐射防护与安全防护知识的专业技术人员，进行至少下列工作：编制放射性物品运输文件（如运输说明书、核与辐射事故应急响应指南、装卸作业方法、安全防护指南）、培训相应的从事放射性物品运输的工作人员等。同时，为避免在运输过程中出现交通事故，生产、销售、使用或者处置放射性物品的单位申请放射性物品非营业性道路危险货物运输资质时，还应具备经考试合格的驾驶人员。

4. 有符合放射性物品运输安全防护要求并经检测合格的运输工具、设施和设备

生产、销售、使用或者处置放射性物品的单位申请放射

性物品非营业性道路危险货物运输资质时，应配备符合放射性物品运输安全防护要求的运输工具、设施和设备，包括防盗、防破坏设备。同时，上述运输工具、设施和设备必须事先经过检测且符合标准要求。

5. 配备必要的防护用品和依法经定期检定合格的监测仪器

生产、销售、使用或者处置放射性物品的单位申请放射性物品非营业性道路危险货物运输资质时，还应配备必要的防护用品和监测仪器，这些监测仪器应依法按照要求的时间间隔经过检定且检定结果合格，以保证在放射性物品运输过程中进行必要的辐射监测。

6. 有运输安全和辐射防护管理规章制度以及核与辐射事故应急措施

为保证放射性物品运输安全，生产、销售、使用或者处置放射性物品的单位申请放射性物品非营业性道路危险货物运输资质时，必须事先编制运输安全和辐射防护管理规章制度以及核与辐射事故应急措施。

四、由于放射性物品运输的监管部门是国务院核安全监管部门，因此放射性物品非营业性道路危险货物运输资质的具体条件，由国务院交通运输主管部门会同国务院核安全监管部门制定。

第四十一条　一类放射性物品从境外运抵中华人民共和国境内，或者途经中华人民共和国境内运输的，托运人应当编制放射性物品运输的核与辐射安全分析报告书，报国务院核安全监管部门审查批准。审查批准程序依照本条例第三十五条第三款的规定执行。

二类、三类放射性物品从境外运抵中华人民共和国境内，或者途经中华人民共和国境内运输的，托运人应当编制放射性物品运输的辐射监测报告，报国务院核安全监管部门备案。

托运人、承运人或者其代理人向海关办理有关手续，应当提交国务院核安全监管部门颁发的放射性物品运输的核与辐射安全分析报告批准书或者放射性物品运输的辐射监测报告备案证明。

【释义】本条是关于境外放射性物品运抵或途经中华人民共和国的有关规定。

一、一类放射性物品从境外运抵中华人民共和国境内，或者途经中华人民共和国境内运输的，托运人或其委托代理人应当编制放射性物品运输的核与辐射安全分析报告书，报国务院核安全监管部门审查批准。从境外运抵中华人民共和国境内，或者途经中华人民共和国境内运输的托运人所编制的放射性物品运输的核与辐射安全分析报告所评价的运输路线的起点应从货包进入中华人民共和国境内开始。放射性物品运输的核与辐射安全分析报告书的审查批准程序依照本条例第三十五条第三款的规定执行。国务院核安全监管部门应当自受理申请之日起在45个工作日内完成核与辐射安全分析报告批准书的行政审批工作，考虑到国务院核安全监管部门在作出行政审批决定前，可能需要组织专家进行技术评审，根据《中华人民共和国行政许可法》的规定，技术审查和专家评审所需时间不计算在45个工作日内。申请单位提交的申请材料齐全、内容真实完整，申请单位各项能力经审查符合国家放射性物品运输安全标准的，应当予以颁发核与辐射安全分析报告批准书；对不符合国家放射性物品运输安全标准的，应书面通知托运人或委托代理人不予批准情况及其理由。

托运人获得我国国务院核安全监管部门颁发的核与辐射安全分析报告批准书后方可将一类放射性物品从境外运抵或途经中华人民共和国境内。

二、二类、三类放射性物品从境外运抵中华人民共和国境内，或者途经中华人民共和国境内运输的，托运人应当编制放射性物品运输的辐射监测报告，报国务院核安全监管部门备案。国务院核安全监管部门应当出具相应的放射性物品运输的辐射监测报告备案证明。

三、放射性物品从境外运抵中华人民共和国境内，托运人、承运人或者其代理人向海关办理有关手续时，应当提交我国国务院核安全监管部门颁发的放射性物品运输的核与辐射安全分析报告批准书或者放射性物品运输的辐射监测报告备案证明。

第四十二条　县级以上人民政府组织编制的突发

环境事件应急预案，应当包括放射性物品运输中可能
发生的核与辐射事故应急响应的内容。

【释义】本条是关于放射性物品运输应急管理的规定。

放射性物品运输应急管理按照国际惯例，类似于危险品
运输应急管理，应该纳入突发环境事件应急管理的范围。由
联合国粮食与农业组织、国际原子能机构、国际劳工组织、
泛美卫生组织、联合国人道主义事务协调局和世界卫生组织
共同倡议编了《核与放射性应急安排和准备安全指南》
（No. GS – G – 2.1）。该导则规定了对发生在任何国家的核
或辐射突发事件做好适当水平的应急准备和应急响应的要
求。该导则将核设施和实践分为五个不同危险等级。威胁等
级为 I 级是指预计可能发生对场外有严重安全影响的核设
施，如核电站；威胁等级为 II 级是指除 I 级以外的预计可能
引起场外人员剂量危险的核设施，如研究堆；威胁等级为
III 级只要求采取场内紧急防护行动，也就是说不考虑场外
应急问题；威胁等级为 IV 意味着最小威胁水平，只需要做
最低水平（minimum level of preparedness）应急准备；威胁
等级为 V 级针对不涉及电离辐射源的活动，只是考虑在其
他核设施发生事故时，其产品可能会被放射性污染，因此要
求对其产品实施限制。国际原子能机构《放射性物品运输
事故应急响应预案和准备》（No. TS – G – 1.2）对放射性物
品运输应急给出了具体详细的指导：1.4 节规定放射性物品
运输的应急预案和准备类似于常规危险货物运输的应急预案

和准备；4.3 节规定国际上针对核与辐射安全设置了五级应急管理，放射性物品运输应急属于第四级。第一级应急管理针对最严重的安全状况，第四级应急针对风险很小或者没有已知风险的情况，只需要作最低水平准备即可。

　　根据国际惯例和我国的应急管理体制，条例规定放射性物品运输的核与辐射事故应急应该纳入突发环境事件的应急预案。为了维护社会稳定，保障公众生命健康和财产安全，保护环境，促进社会全面、协调、可持续发展，提高政府应对涉及公共危机的突发公共事件的能力，各级人民政府在制定本地区的突发环境事件应急预案时，应该考虑辖区内放射性物品运输可能发生的突发事件，在应急预案中应当包括放射性物品运输中可能发生的核与辐射事故应急响应的内容，如应急机构和职责分工；应急人员的组织；培训以及应急和救援的装备、资金、物资准备；应急响应措施；事故调查、报告和处理程序等。

　　第四十三条　放射性物品运输中发生核与辐射事故的，承运人、托运人应当按照核与辐射事故应急响应指南的要求，做好事故应急工作，并立即报告事故发生地的县级以上人民政府环境保护主管部门。接到报告的环境保护主管部门应当立即派人赶赴现场，进行现场调查，采取有效措施控制事故影响，并及时向本级人民政府报告，通报同级公安、卫生、交通运输等有关主管部门。

接到报告的县级以上人民政府及其有关主管部门应当按照应急预案做好应急工作，并按照国家突发事件分级报告的规定及时上报核与辐射事故信息。

核反应堆乏燃料运输的核事故应急准备与响应，还应当遵守国家核应急的有关规定。

【释义】本条是关于放射性物品运输核与辐射事故报告和响应的规定。

一、承运人和托运人的应急响应

在放射性物品运输中发生核与辐射事故时，承运人和托运人应当立即启动本单位的应急方案，按照核与辐射事故应急响应指南的要求，采取应急措施，做好事故应急工作。同时，为保证负有监管职责的部门及时了解情况，承运人和托运人应在事故发生后立即报告。由于涉及事故应急管理的相关部门较多，需要有一个部门统一协调管理，本条例将这一职责赋予了环境保护主管部门。因此，本条第一款规定承运人和托运人应在事故发生后，立即向事故发生地的县级以上人民政府环境保护主管部门报告事故情况。

二、环境保护主管部门的应急响应

环境保护主管部门负责辐射事故的应急响应、调查处理和定性定级工作。

事故发生地的县级以上地方人民政府环境保护主管部门接到承运人和托运人的报告后，应当立即派人赶赴现场，进行现场调查，采取有效措施，控制事故影响，并及时向本级人民政府报告，同时，还应通报同级公安、卫生、交通运输等有关主管部门。

三、县级以上人民政府及其有关主管部门的应急响应

本条例第四十二条规定了县级以上人民政府组织编制的有关突发环境事件应急预案中，应当包括放射性物品运输中可能发生的核与辐射事故应急响应的内容。

为了迅速开展事故应急响应和救援工作，把事故的影响和损失控制在最小范围内，本条第二款规定核与辐射事故发生地的县级以上人民政府及其有关主管部门接到环境保护主管部门的报告后，应当按照应急预案做好应急工作，并按照国家突发事件分级报告的规定及时上报核与辐射事故信息。

公安部门负责丢失、被盗放射性物品的立案侦查和追缴等；卫生主管部门负责辐射事故的医疗应急等；交通运输主管部门负责道路封闭、人员疏散等。

四、另外，考虑到核反应堆乏燃料运输安全的特殊性及社会敏感性，本条第三款规定核反应堆乏燃料运输的核事故应急准备与响应应该遵守国家核应急的有关规定。

第五章　监督检查

第四十四条　国务院核安全监管部门和其他依法履行放射性物品运输安全监督管理职责的部门，应当依据各自职责对放射性物品运输安全实施监督检查。

国务院核安全监管部门应当将其已批准或者备案的一类、二类、三类放射性物品运输容器的设计、制造情况和放射性物品运输情况通报设计、制造单位所在地和运输途经地的省、自治区、直辖市人民政府环境保护主管部门。省、自治区、直辖市人民政府环境保护主管部门应当加强对本行政区域放射性物品运输安全的监督检查和监督性监测。

被检查单位应当予以配合，如实反映情况，提供必要的资料，不得拒绝和阻碍。

【**释义**】本条是关于监督检查制度的规定。

一、本条第一款明确规定，开展放射性物品运输安全监督检查工作的主体是国务院核安全监管部门和其他依法履行放射性物品运输安全监督管理职责的部门。

依据本条例第四条的规定，国务院核安全监管部门负责对放射性物品运输的核与辐射安全实施监督管理；国务院公安、交通运输、铁路、民航等有关主管部门依照本条例规定和各自的职责，负责放射性物品运输安全的有关监督管理；县级以上地方人民政府环境保护主管部门和公安、交通运输等有关主管部门，依照本条例规定和各自的职责，负责本行政区域放射性物品运输安全的有关监督管理工作。监督检查是国务院核安全监管部门和其他依法履行放射性物品运输安全监督管理职责的部门对放射性物品运输单位及放射性物品运输容器设计、制造单位开展监管工作的重要手段。监督检查也是核安全监督管理的一个再确认过程，通过监督检查活动单位所进行的放射性物品运输容器的设计、制造以及放射性物品的运输活动，验证和确认活动单位质量保证大纲的有效性、相关活动是否遵守了核安全法规、相关活动是否符合标准规范及技术规格书的要求等，可以有效地控制活动质量。

二、本条第二款是关于省级环境保护主管部门监督职责的规定，以充分发挥省级环境保护主管部门的监督检查作用，确保放射性物品运输安全。

1. 通报内容

国务院核安全监管部门将其已批准或者备案的一类、二类、三类放射性物品运输容器的设计、制造情况和放射性物品运输情况进行通报。

2. 通报对象

通报对象为设计、制造单位所在地和运输途经地的省、自治区、直辖市人民政府环境保护主管部门。

　　3. 省级环境保护主管部门监督

　　省、自治区、直辖市人民政府环境保护主管部门应当根据国务院核安全监管部门通报的上述情况，结合本行政区域放射性物品运输容器设计、制造及放射性物品运输活动的时间，加强对本行政区域放射性物品运输安全的监督检查和监督性监测工作，以确保本行政区域内相关活动的质量受控。

　　三、监督检查可分为综合性检查、专项检查和检查点检查，主要通过现场检查、文件检查、记录确认、对话、测量和试验验证等方式进行。

　　1. 综合性检查：包括质量保证检查和技术检查。质量保证检查主要检查质量保证大纲是否得到有效实施。技术检查主要抽查放射性物品运输活动和放射性物品运输容器的设计、制造和使用过程是否符合标准、规范、相关技术文件，以及许可限制和条件的要求。

　　2. 专项检查：是对意外的、非计划的或异常的情况或事件的响应所进行的检查。

　　3. 检查点检查：是指对根据设计单位的试验验证计划、制造单位质量计划或使用单位的安全性能评价计划选取的质量控制点进行的现场实施情况检查。

　　四、监督性监测是指省、自治区、直辖市人民政府环境保护主管部门针对本行政区内放射性物品运输的货包和运输的车辆，所进行的表面污染和辐射水平的现场独立测量或复核性验证工作。

　　五、本条第三款对被检查单位的义务进行了规定。由于放射性物品的运输直接涉及核与辐射安全，因此，为了确保监督检查结论的全面性和客观性，放射性物品运输容器的设计、制造和放射性物品运输活动单位有责任、有义务对监督检查工作予以配合，并如实反映情况，提供必要的资料，不得拒绝和阻碍。

第四十五条　国务院核安全监管部门和省、自治区、直辖市人民政府环境保护主管部门以及其他依法履行放射性物品运输安全监督管理职责的部门进行监督检查，监督检查人员不得少于2人，并应当出示有效的行政执法证件。

国务院核安全监管部门和省、自治区、直辖市人民政府环境保护主管部门以及其他依法履行放射性物品运输安全监督管理职责的部门的工作人员，对监督检查中知悉的商业秘密负有保密义务。

【**释义**】本条是关于监督检查人员要求的规定。

一、对放射性物品运输安全实施监督检查的部门不仅是国务院核安全监管部门和省、自治区、直辖市人民政府环境保护主管部门，还包括其他依法履行放射性物品运输安全监督管理职责的部门。

监督检查人员必须是经国务院核安全监管部门或者其他依法履行放射性物品运输安全管理职责的部门授权的人员。监督检查人员应经过相关培训，熟知放射性物品运输的相关法律、行政法规、标准和规范，并具有相应的执法经验。本条第一款明确要求对放射性物品运输容器的设计、制造和放射性物品运输活动进行监督检查的人员数量应为两人或两人以上，在执行监督检查任务时应当出示证件以证明其身份。这一方面是被检查单位享有知悉监督检查人员身份的权利；另一方面也证明了执法主体是合法的，同时为体现执法的公正性，要求监督检查人员数量应为两人或两人以上。

二、由于在放射性物品运输容器的设计、制造和放射性物品运输活动监督检查中，监督检查人员可以进入被检查单位的相应场所、查阅和复制有关的文件记录，这些都可能涉及被检查单位的商业秘密，因此，本条第二款要求放射性物品运输容器的设计、制造和放射性物品运输活动监督检查人员应当为被检查的单位保守商业秘密，以免由于有关信息被泄漏而损害被检查单位的合法权益。

商业秘密是指不为公众所知悉、能为权利人带来经济利益，具有实用性并经权利人采取保密措施的技术信息和经营信息，如技术秘密、业务秘密。

第四十六条　监督检查中发现经批准的一类放射性物品运输容器设计确有重大设计安全缺陷的，由国务院核安全监管部门责令停止该型号运输容器的制造或者使用，撤销一类放射性物品运输容器设计批准书。

【释义】本条是关于设计不符合的相关处置规定。

本条例第八条规定了放射性物品运输容器设计单位应当建立健全和有效实施质量保证体系，按照国家放射性物品运输安全标准进行设计，并通过试验验证或者分析论证等方式，对设计的放射性物品运输容器的安全性能进行评价。国务院核安全监管部门在对放射性物品运输容器设计、制造和使用单位的监督检查中，如果发现某型号一类放射性物品运输容器存在重大设计缺陷，例如发现设计弄虚作假不符合要求、以往未发现的缺陷隐患、由设计带来的安全缺陷或不达标等，则其后续的制造及放射性物品运输活动可能对人体健康和环境造成核与辐射危害，如发现上述行为，国务院核安全监管部门应责令停止该型号运输容器的制造或使用，并撤销该设计单位一类放射性物品运输容器设计批准书。

第四十七条 监督检查中发现放射性物品运输活动有不符合国家放射性物品运输安全标准情形的，或者一类放射性物品运输容器制造单位有不符合制造许可证规定条件情形的，应当责令限期整改；发现放射性物品运输活动可能对人体健康和环境造成核与辐射危害的，应当责令停止运输。

【释义】本条是关于运输和制造检查发现问题的处理规定。

本条例第三十五条规定了国务院核安全监管部门对从事一类放射性物品运输活动的单位实施批准制度。第二十九条到第三十四条规定了运输前对托运人和承运人的相关要求，第三十七条到第四十三条规定了运输过程的相关要求，同时，本条例第三十条规定了放射性物品运输单位应当委托有资质的辐射监测机构（对一类放射性物品）或自行（对二类、三类放射性物品）对其所运输的货包及运输车辆的表面污染和辐射水平实施监测，并编制辐射监测报告。国务院核安全监管部门在对放射性物品运输活动的监督检查中，如果发现放射性物品运输活动（如辐射监测结果、标志、车辆、运输容器、内容物等）不符合国家放射性物品运输安全标准的，不得托运。国务院核安全监管部门应当责令其限期整改，且在整改期间不得从事相关放射性物品运输活动。

本条例第十七条规定了国务院核安全监管部门对从事一类放射性物品运输容器制造活动的单位实施许可制度。本条例第十六条和第十九条分别规定了一类放射性物品运输容器制造单位应具备的条件和制造许可证的内容。由于许可证有效期为 5 年，在此期间很可能会出现持证单位的相关能力已下降，在放射性物品运输容器制造活动中已不符合本条例第十六条规定条件的情况，国务院核安全监管部门在对持证单位放射性物品运输容器制造活动的监督检查中，如果发现一类放射性物品运输容器制造单位的人员、生产条件、检测手段、质量保证体系等相关方面已不能满足一类放射性物品运输容器制造活动能力要求，国务院核安全监管部门可以责令其限期整改，并在整改期间不得从事一类放射性物品运输容器的制造活动。

责令限期整改是指国务院核安全监管部门责令放射性物品运输单位或放射性物品运输容器制造单位在规定的期限内，对出现不符合国家放射性物品运输安全标准或不符合发证条件的情形采取整改措施，以重新使放射性物品的运输活动符合国家放射性物品运输安全标准，或使制造单位相关能力达到本条例第十六条规定的条件，并报国务院核安全监管部门审查。这里的期限，由作出责令限期整改决定的国务院核安全监管部门确定。

国务院核安全监管部门在对放射性物品运输单位的监督检查中，如发现放射性物品运输容器表面污染或辐射水平超标，则放射性物品运输活动可能对人体健康和环境造成核与辐射危害，应该责令其停止运输。

第四十八条　国务院核安全监管部门和省、自治区、直辖市人民政府环境保护主管部门以及其他依法履行放射性物品运输安全监督管理职责的部门，对放射性物品运输活动实施监测，不得收取监测费用。

国务院核安全监管部门和省、自治区、直辖市人民政府环境保护主管部门以及其他依法履行放射性物品运输安全监督管理职责的部门，应当加强对监督管理人员辐射防护与安全防护知识的培训。

【释义】本条是关于监督性监测禁止收费和监督人员培训的规定。

一、本条第一款是关于国务院有关部门不得收取监测费用的规定和职责。

对放射性物品运输活动实施监测是国务院核安全监管部门和省、自治区、直辖市人民政府环境保护主管部门以及其他依法履行放射性物品运输安全监督管理职责的部门的行政工作范畴，不得收取费用。为加强对国务院核安全监管部门和省、自治区、直辖市人民政府环境保护主管部门以及其他依法履行放射性物品运输安全监督管理职责的部门在监测过程中收取监测费用行为的约束，本条例第四十九条规定，对收取监测费用的，将对直接负责的主管人员和其他直接责任人员进行处罚或追究刑事责任。

二、本条第二款是关于国务院核安全监管部门和省、自治区、直辖市人民政府环境保护主管部门以及其他依法履行放射性物品运输安全监督管理职责的部门应对监督管理人员加强培训的规定。

国务院核安全监管部门和省、自治区、直辖市人民政府环境保护主管部门以及其他依法履行放射性物品运输安全监督管理职责的部门，作为放射性物品运输安全的行政执法和监督管理单位，应加强对监督管理人员辐射防护与安全防护等方面专业知识的培训。加强对监督管理人员的培训一方面可以使监督管理人员对放射性物品运输中的辐射防护知识有更加全面、深入地理解和掌握，提高监督管理人员自身的专业素质和专业水平，确保监督检查结论的全面性、客观性和正确性，为监督检查的公正、公平奠定基础；另一方面，加强对监督检查人员辐射防护与安全防护等方面专业知识的培训，可以使监督检查人员在对放射性物品运输实施监督检查时更加有效地避免对自身及公众的辐射危害，及时预防可能导致放射性污染的各类事故，并确保对工作人员和公众的辐射剂量不超过国家规定的剂量限值。

第六章　法　律　责　任

第四十九条　国务院核安全监管部门和省、自治区、直辖市人民政府环境保护主管部门或者其他依法履行放射性物品运输安全监督管理职责的部门有下列行为之一的，对直接负责的主管人员和其他直接责任人员依法给予处分；直接负责的主管人员和其他直接责任人员构成犯罪的，依法追究刑事责任：

（一）未依照本条例规定作出行政许可或者办理批准文件的；

（二）发现违反本条例规定的行为不予查处，或者接到举报不依法处理的；

（三）未依法履行放射性物品运输核与辐射事故应急职责的；

（四）对放射性物品运输活动实施监测收取监测费用的；

（五）其他不依法履行监督管理职责的行为。

【释义】本条是关于监管部门及其工作人员违反本条例应承担的法律责任的规定。

一、法律责任的主体

承担本条规定的法律责任的主体是国务院核安全监管部门和省、自治区、直辖市人民政府环境保护主管部门，或者其他依法履行放射性物品运输安全监督管理职责的部门中直接负责的主管人员和其他直接责任人员。

二、承担法律责任的行为

根据条例第四条规定："国务院核安全监管部门对放射性物品运输的核与辐射安全实施监督管理。国务院公安、交通运输、铁路、民航等有关主管部门依照本条例规定和各自的职责，负责放射性物品运输安全的有关监督管理工作。县级以上地方人民政府环境保护主管部门和公安、交通运输等有关主管部门，依照本条例规定和各自的职责，负责本行政区域放射性物品运输安全的有关监督管理工作。"作为实施监督检查的主体，国务院核安全监管部门和省、自治区、直辖市人民政府环境保护主管部门或者其他依法履行放射性物品运输安全监督管理职责的部门在放射性物品运输的核与辐射安全监管过程中如有下列五种行为之一的，其直接负责的主管人员和其他直接责任人员应当承担本条规定的法律责任。

（一）未依照本条例规定作出行政许可或者办理批准文件的。

本条第一项是针对国务院核安全监管部门的。条例第十一条明确规定："国务院核安全监管部门应当自受理申请之日起45个工作日内完成审查，对符合国家放射性物品运输安全标准的，颁发一类放射性物品运输容器设计批准书，并公告批准文号；对不符合国家放射性物品运输安全标准的，书面通知申请单位并说明理由。"条例第十六条对从事一类放射性物品运输容器制造活动的单位应具备的条件进行了明确规定。条例第十八条明确规定："国务院核安全监管部门应当自受理申请之日起45个工作日内完成审查，对符合条件的，颁发制造许可证，并予以公告；对不符合条件的，书面通知申请单位并说明理由。"条例第二十六条规定使用境外单位制造的一类放射性物品运输容器的单位应当在首次使用前向国务院核安全监管部门提出书面申请，并对应提交的材料进行了规定，同时第三款明确规定："国务院核安全监管部门应当自受理申请之日起45个工作日内完成审查，对符合国家放射性物品运输安全标准的，颁发使用批准书；对不符合国家放射性物品运输安全标准的，书面通知申请单位并说明理由。"条例第三十五条规定托运一类放射性物品的，托运人应当编制放射性物品运输的核与辐射安全分析报告书，报国务院核安全监管部门审查批准，同时第三款规定："国务院核安全监管部门应当自受理申请之日起45个工作日内完成审查，对符合国家放射性物品运输安全标准的，颁发核与辐射安全分析报告批准书；对不符合国家放射性物品运输安全标准的，书面通知申请单位并说明理由。"条例第四十一条第一款规定："一类放射性物品从境外运抵中华人民共和国境内，或者途经中华人民共和国境内运输的，托运人应当编制放射性物品运输的核与辐射安全分析报告书，报国务院核安全监管部门审查批准。审查批准程序依照本条例第三十五条第三款的规定执行。"如果国务院核安全监管部门没有按照上述规定向符合条件的单位颁发一类放射性物品运输容器设计批准书、一类放射性物品运输容器制造许可证、进口一类放射性物品运输容器使用批准书以及一类放射性物品运输核与辐射安全分析报告批准书，或者向不符合条件的单位颁发了上述批准书或许可证，均构成违法，应当承担相应的法律责任。

（二）发现违反本条例规定的行为不予查处，或者接到举报不依法处理的。

条例赋予国务院核安全监管部门和省、自治区、直辖市人民政府环境保护主管部门或者其他依法履行放射性物品运输安全监督管理职责的部门对放射性物品运输的核与辐射安全实施监督管理的职责。因此，有关监管部门及相关人员应当严格履行自己的职责，根据条例规定对放射性物品运输、放射性物品运输容器的设计、制造活动等进行监督管理，并对违反条例规定的行为予以查处。条例第七条规定："任何单位和个人对违反本条例规定的行为，有权向国务院核安全监管部门或者其他依法履行放射性物品运输安全监督管理职责的部门举报。接到举报的部门应当依法调查处理，并为举报人保密。"如果国务院核安全监管部门或者其他依法履行放射性物品运输安全监督管理职责的部门发现违反本条例规定的行为时，没有按照本条例的规定及时进行查处，或者接到报告的国务院核安全监管部门或者其他依法履行放射性物品运输安全监督管理职责的部门不及时处理，均构成违法，应当承担相应的法律责任。

（三）未依法履行放射性物品运输核与辐射事故应急职责的。

本条第三项是指违反条例第四十二条和第四十三条的情形。条例第四十二条规定："县级以上人民政府组织编制的突发环境事件应急预案，应当包括放射性物品运输中可能发生的核与辐射事故应急响应的内容。"条例第四十三条规定："放射性物品运输中发生核与辐射事故的，承运人、托运人应当按照核与辐射事故应急响应指南的要求，做好事故应急工作，并立即报告事故发生地的县级以上人民政府环境保护主管部门。接到报告的环境保护主管部门应当立即派人赶赴现场，进行现场调查，采取有效措施控制事故影响，并及时向本级人民政府报告，通报同级公安、卫生、交通运输等有关主管部门。接到报告的县级以上人民政府及其有关主管部门应当按照应急预案做好应急工作，并按照国家突发事件分级报告的规定及时上报核与辐射事故信息。"县级以上人民政府没有按照本条例的规定编制突发环境事件应急预案的；接到报告的县级以上人民政府及其有关主管部门，没有按照应急预案做好应急工作的，或者没有按照国家突发事件分级报告的规定及时上报核与辐射事故信息的，均构成违法，应当承担相应的法律责任。

（四）对放射性物品运输活动实施监测收取监测费用的。

本条第四项是指违反条例第四十八条第一款的情形。条例第四十八条第一款规定："国务院核安全监管部门和省、自治区、直辖市人民政府环境保护主管部门以及其他依法履行放射性物品运输安全监督管理职责的部门，对放射性物品运输活动实施监测，不得收取监测费用。"国务院核安全监管部门和省、自治区、直辖市人民政府环境保护主管部门以及其他依法履行放射性物品运输安全监督管理职责的部门在对放射性物品运输活动实施监测过程中收取监测费用的，均构成违法，应承担相应的法律责任。

（五）其他不依法履行监督管理职责的行为。

本条第五项是用以概括本条没有列举但事实上可能出现的违法行为，国务院核安全监管部门和省、自治区、直辖市人民政府环境保护主管部门或者其他依法履行放射性物品运输安全监督管理职责的部门在放射性物品运输监督管理工作中出现其他违法行为的，均应承担相应的法律责任。

三、本条规定的法律责任有两种：一是行政法律责任，二是刑事法律责任。

（一）行政法律责任，也称行政责任，是指因实施违反本条例规定的行为而引起的，由行政机关依法给予制裁的，并且是必须承担的法律后果。行政法律责任分为行政处罚和行政处分。按照本条规定，国务院核安全监管部门和省、自治区、直辖市人民政府环境保护主管部门或者其他依法履行放射性物品运输安全监督管理职责的部门实施了本条所列举的五种违法行为，尚不构成犯罪的，应当依法给予行政处分。行政处分，亦称行政纪律处分，是指行政机关内部上级对下级以及监察机关、人事部门按照行政隶属关系，对违反政纪的人员依法给予的一种法律制裁。目前，我国实行公务员制度，对直接负责的主管人员和其他直接责任人员的行政处分应当按照《中华人民共和国公务员法》的规定执行。一般而言，给予行政处分大致分为三种情况：其一，对违法行为较轻，仍能担任现任职务的人员，可以给予警告、记过、降级处分；其二，对违法行为较重，不宜继续担任现任职务的人员，给予降职或者撤职处分；其三，对严重违法失职，屡教不改的，可以给予开除处分。具体给予违法行为人何种处分，应当由其任免单位、监察机关根据不同情况作出。

（二）刑事法律责任，也称刑事责任，是指具有刑事责任能力的人实施了刑事法律所禁止的行为（犯罪行为）所必须承担的法律义务。刑事责任是最严厉的法律责任，必须严格遵循罪行法定的原则执行。条例并没有给出完整的犯罪构成形态，参照《中华人民共和国放射性污染防治法》第四十八条的规定，本条可能涉及的罪名有受贿罪、滥用职权罪、玩忽职守罪和环境监管失职罪等，是否构成犯罪、构成何种犯罪以及应予何种刑事处罚必须以事实为依据，根据《中华人民共和国刑法》的有关规定执行。

1. 关于受贿罪。《中华人民共和国刑法》第三百八十五条规定："国家工作人员利用职务上的便利，索取他人财物的，或者非法收受他人财物，为他人谋取利益的，是受贿罪。国家工作人员在经济往来中，违反国家规定，收受各种名义的回扣、手续费，归个人所有的，以受贿论处。"

构成此罪须具备以下条件：（1）侵害的客体是国家工作人员职务行为的廉洁性，具体表现为职务行为的不可收买性或者职务行为与物质的不可交换性。（2）本罪的客观方面表现为利用职务上的便利，索取他人财物或者非法收受他人财物，为他人谋取利益的行为。受贿行为既可以表现为索取贿赂，也可以表现为收受贿赂，它们之间只有程度差异，没有本质区别。索取贿赂只需要利用职务上的便利便成立受贿罪，不要求实际具有为他人谋取利益的行为，而收受贿赂则需在实际上具有为他人谋取利益的行为，但谋取的利益是否实现并不影响本罪的成立。（3）本罪的主体必须是国家工作人员，具体到本条而言，是国务院核安全监管部门和省、自治区、直辖市人民政府环境保护主管部门或者其他依法履行放射性物品运输安全监督管理职责的部门的工作人员。（4）受贿罪的主观方面只能是故意。

对本罪的处刑有如下规定：（1）个人受贿数额在 10 万元以上的，处 10 年以上有期徒刑或者无期徒刑，可以并处没收财产；情节特别严重的，处死刑，并处没收财产。（2）个人受贿数额在 5 万元以上不满 10 万元的，处 5 年以上有期徒刑，可以并处没收财产；情节特别严重的，处无期徒刑，并处没收财产。（3）个人受贿数额在 5000 元以上不满 5 万元的，处 1 年以上 7 年以下有期徒刑；情节严重的，处 7 年以上 10 年以下有期徒刑。个人受贿数额在 5000 元以上不满 1 万元，犯罪后有悔改表现、积极退赃的，可以减轻处罚或者免于刑事处罚，由其所在单位或者上级主管机关给予行政处分。（4）个人受贿数额不满 5000 元，情节较重的，处 2 年以下有期徒刑或者拘役；情节较轻的，由其所在单位或者上级主管机关酌情给予行政处分。（5）索贿的从重处罚。

2. 关于滥用职权罪、玩忽职守罪。《中华人民共和国刑法》第三百九十七条第一款规定："国家机关工作人员滥用职权或者玩忽职守，致使公共财产、国家和人民利益遭受重大损失的，处三年以下有期徒刑或者拘役；情节特别严重的，处三年以上七年以下有期徒刑。本法另有规定的，依照规定。"

构成滥用职权罪应具备的主要条件：（1）本罪的客观方面表现为滥用职权、严重不负责任，致使公私财产、国家和人民利益遭受重大损失的行为。（2）滥用职权行为只有当公私财产、国家和人民利益遭受重大损失时，才构成犯罪。

构成玩忽职守罪应具备以下条件：（1）本罪客观方面表现为玩忽职守，致使公私财产、国家和人民利益遭受重大损失的行为。（2）本罪的主体只能是国家机关工作人员，即国务院核安全监管部门和省、自治区、直辖市人民政府环境保护主管部门或者其他依法履行放射性物品运输安全监督管理职责的部门的工作人员。（3）本罪主观方面出于过失，在相当多的情况下，行为人主观上表现为应当履行法定的职责而没有履行，导致了公私财产、国家和人民利益遭受重大损失结果的发生。

3、关于环境监管失职罪。刑法第四百零八条规定："负有环境保护监督管理职责的国家机关工作人员严重不负责任，导致发生重大环境污染事故，致使公私财产遭受重大损失或者造成人身伤亡的严重后果的，处三年以下有期徒刑或者拘役。"

构成环境监管失职罪应具备以下条件：（1）本罪的主体是负有环境保护监督管理职责的国家机关工作人员，即国务院核安全监管部门和省、自治区、直辖市人民政府环境保护主管部门或者其他依法履行放射性物品运输安全监督管理职责的部门的工作人员；（2）构成本罪必须是上述人员严重不负责任，不认真履行监管职责，导致发生重大环境污染事故，致使公私财产遭受重大损失或者造成人身伤亡的严重后果的行为。只要具备"导致公私财产遭受重大损失"或者"造成人员伤亡"其中任何一个条件即构成本罪。

构成本罪的，对行为人处3年以下有期徒刑或者拘役。

第五十条 放射性物品运输容器设计、制造单位有下列行为之一的，由国务院核安全监管部门责令停止违法行为，处50万元以上100万元以下的罚款；有违法所得的，没收违法所得：

（一）将未取得设计批准书的一类放射性物品运输容器设计用于制造的；

（二）修改已批准的一类放射性物品运输容器设计中有关安全内容，未重新取得设计批准书即用于制造的。

【释义】本条是关于一类放射性物品运输容器设计、制造单位未按规定取得设计批准书、或者修改有关内容未重新取得设计批准书应承担的法律责任的规定。

一、法律责任的主体

承担本条规定的法律责任的主体是一类放射性物品运输容器设计、制造单位。

二、承担法律责任的行为

根据条例第六条第一款规定："放射性物品运输容器的设计、制造单位应当建立健全责任制度，加强质量管理，并对所从事的放射性物品运输容器的设计、制造活动负责。"作为一类放射性物品运输容器的设计、制造活动的主体，有下列两种行为之一的，应当承担本条规定的法律责任。

1. 将未取得设计批准书的一类放射性物品运输容器设计用于制造的。

本条第一项是指违反条例第十条第一款的情形。条例第十条第一款规定："一类放射性物品运输容器的设计，应当在首次用于制造前报国务院核安全监管部门审查批准。"如果一类放射性物品运输容器的设计没有报国务院核安全监管部门审查批准即用于制造，或者已报国务院核安全监管部门但在取得设计批准书前用于制造的，均构成违法，相关设计、制造单位均应当承担相应的法律责任。

2. 修改已批准的一类放射性物品运输容器设计中有关安全内容，未重新取得设计批准书即用于制造的。

本条第二项是指违反条例第十二条的情形。条例第十二条规定："设计单位修改已批准的一类放射性物品运输容器设计中有关安全内容的，应当按照原申请程序向国务院核安全监管部门重新申请领取一类放射性物品运输容器设计批准书。"如果一类放射性物品运输容器设计单位修改已批准的一类放射性物品运输容器设计中有关安全内容后，没有向国务院核安全监管部门重新申请领取一类放射性物品运输容器设计批准书，或者已报国务院核安全监管部门但在重新取得设计批准书前即用于生产制造，即构成违法，相关设计、制造单位均应当承担相应的法律责任。

三、按照本条规定，行使处罚权的机关是国务院核安全监管部门。本条规定的处罚措施有：责令停止违法行为，处50万元以上100万元以下的罚款；有违法所得的，没收违法所得。

1. 责令停止违法行为，处50万元以上100万元以下的罚款，即对涉及将未取得设计批准书的一类放射性物品运输容器设计用于制造；或者修改已批准的一类放射性物品运输容器设计中有关安全内容，未重新取得设计批准书即用于制造的相关设计、制造单位，由国务院核安全监管部门根据本条的规定，责令违法行为人停止其违法行为，并进行罚款处罚，处罚数额为50万元以上100万元以下。

2. 有违法所得的，在处以罚款的同时没收违法所得。即按有关规定对违法行为人在违法活动中所获得的收入全部予以没收，不让违法行为获取经济利益。

第五十一条　放射性物品运输容器设计、制造单位有下列行为之一的，由国务院核安全监管部门责令停止违法行为，处5万元以上10万元以下的罚款；有违法所得的，没收违法所得：

（一）将不符合国家放射性物品运输安全标准的二类、三类放射性物品运输容器设计用于制造的；

（二）将未备案的二类放射性物品运输容器设计用于制造的。

【释义】本条是关于二、三类放射性物品运输容器设计、制造单位将不符合标准和未备案的设计用于制造应承担的法律责任的规定。

一、法律责任的主体

承担本条规定的法律责任的主体是二、三类放射性物品运输容器设计、制造单位。

二、承担法律责任的行为

根据条例第六条第一款规定："放射性物品运输容器的设计、制造单位应当建立健全责任制度，加强质量管理，并对所从事的放射性物品运输容器的设计、制造活动负责。"作为二、三类放射性物品运输容器的设计、制造活动的主体，有下列两种行为之一的，应当承担本条规定的法律责任。

1. 将不符合国家放射性物品运输安全标准的二类、三类放射性物品运输容器设计用于制造的。

本条第一项是指违反条例第五条第二款的情形。条例第五条第二款规定："放射性物品的运输和放射性物品运输容器的设计、制造，应当符合国家放射性物品运输安全标准。"如果二类、三类放射性物品运输容器没有按照国家放射性物品运输安全标准进行设计并用于制造，即构成违法，相关设计、制造单位均应当承担相应的法律责任。

2. 将未备案的二类放射性物品运输容器设计用于制造的。

本条第二项是指违反条例第十三条的情形。条例第十三条规定："二类放射性物品运输容器的设计，设计单位应当在首次用于制造前，将设计总图及其设计说明书、设计安全评价报告表报国务院核安全监管部门备案。"如果二类放射性物品运输容器设计单位没有将设计总图及其设计说明书、设计安全评价报告表报国务院核安全监管部门备案，就将相关设计用于生产制造，即构成违法，相关设计、制造单位均应当承担相应的法律责任。

三、按照本条规定，行使处罚权的机关是国务院核安全监管部门。本条规定的处罚措施有：责令停止违法行为，处5万元以上10万元以下的罚款；有违法所得的，没收违法所得。

1. 责令停止违法行为，处5万元以上10万元以下的罚款，即对涉及将不符合国家放射性物品运输安全标准的二类、三类放射性物品运输容器设计用于制造的；或者将未备案的二类放射性物品运输容器设计用于制造的相关设计、制造单位，由国务院核安全监管部门根据本条的规定，责令违法行为人停止其违法行为，并进行罚款处罚，处罚数额为 5 万元以上 10 万元以下。

2. 有违法所得的，在处以罚款的同时没收违法所得。即按有关规定对违法行为人在违法活动中所获得的收入全部予以没收，不让违法行为获取经济利益。

第五十二条　放射性物品运输容器设计单位有下列行为之一的，由国务院核安全监管部门责令限期改正；逾期不改正的，处 1 万元以上 5 万元以下的罚款：

（一）未对二类、三类放射性物品运输容器的设计进行安全性能评价的；

（二）未如实记录二类、三类放射性物品运输容器设计和安全性能评价过程的；

（三）未编制三类放射性物品运输容器设计符合国家放射性物品运输安全标准的证明文件并存档备查的。

【释义】本条是关于二类、三类放射性物品运输容器设计单位违反安全性能评价应承担的法律责任的规定。

一、法律责任的主体

承担本条规定的法律责任的主体是二类、三类放射性物品运输容器设计单位。

二、承担法律责任的行为

根据条例第八条规定"放射性物品运输容器设计单位

应当建立健全和有效实施质量保证体系，按照国家放射性物品运输安全标准进行设计，并通过试验验证或者分析论证等方式，对设计的放射性物品运输容器的安全性能进行评价。"作为放射性物品运输容器设计活动的主体，有下列三种行为之一的，应当承担本条规定的法律责任。

1. 未对二类、三类放射性物品运输容器的设计进行安全性能评价的。

本条第一项是指违反条例第八条的情形。条例第八条规定："放射性物品运输容器设计单位应当建立健全和有效实施质量保证体系，按照国家放射性物品运输安全标准进行设计，并通过试验验证或者分析论证等方式，对设计的放射性物品运输容器的安全性能进行评价。"如果二类、三类放射性物品运输容器没有按照要求进行安全性能评价，即构成违法，相关设计单位应当承担相应的法律责任。

2. 未如实记录二类、三类放射性物品运输容器设计和安全性能评价过程的。

本条第二项是指违反条例第九条的情形。条例第九条第一款规定："放射性物品运输容器设计单位应当建立健全档案制度，按照质量保证体系的要求，如实记录放射性物品运输容器的设计和安全性能评价过程。"如果二类、三类放射性物品运输容器设计单位没有按照要求对容器的设计和安全性能评价过程进行记录，即构成违法，相关设计单位应当承担相应的法律责任。

3. 未编制三类放射性物品运输容器设计符合国家放射

性物品运输安全标准的证明文件并存档备查的。

本条第三项是指违反条例第十四条的情形。条例第十四条规定："三类放射性物品运输容器的设计，设计单位应当编制设计符合国家放射性物品运输安全标准的证明文件并存档备查。"如果三类放射性物品运输容器设计单位没有按照要求编制符合国家放射性物品运输安全标准的证明文件并存档备查，即构成违法，相关设计单位应当承担相应的法律责任。

三、按照本条规定，行使处罚权的机关是国务院核安全监管部门。本条规定的处罚措施有：责令限期改正；逾期不改正的，处 1 万元以上 5 万元以下的罚款。

1. 责令限期改正，即由国务院核安全监管部门，责令违反本条例规定的射性物品运输容器设计单位限期改正，要求其在规定的时间内，按照规定对二类、三类放射性物品运输容器的设计进行安全性能评价，或如实记录二类、三类放射性物品运输容器设计和安全性能评价过程，或编制三类放射性物品运输容器设计符合国家放射性物品运输安全标准的证明文件并存档备查，并将整改结果报国务院核安全监管部门。

2. 逾期不改正的，处 1 万元以上 5 万元以下的罚款，即对于在规定时间内没有进行上述整改或整改未完成的二类、三类放射性物品运输容器设计单位，国务院核安全监管部门将视情节轻重对其进行罚款处罚，处罚数额为 1 万元以上 5 万元以下。

第五十三条 放射性物品运输容器制造单位有下列行为之一的，由国务院核安全监管部门责令停止违法行为，处50万元以上100万元以下的罚款；有违法所得的，没收违法所得：

（一）未取得制造许可证从事一类放射性物品运输容器制造活动的；

（二）制造许可证有效期届满，未按照规定办理延续手续，继续从事一类放射性物品运输容器制造活动的；

（三）超出制造许可证规定的范围从事一类放射性物品运输容器制造活动的；

（四）变更制造的一类放射性物品运输容器型号，未按照规定重新领取制造许可证的；

（五）将未经质量检验或者经检验不合格的一类放射性物品运输容器交付使用的。

有前款第（三）项、第（四）项和第（五）项行为之一，情节严重的，吊销制造许可证。

【释义】本条是关于一类放射性物品运输容器制造单位未取得许可证、或者未按照规定办理延续手续、或者超出范围而从事制造活动、或者变更运输容器型号而未重新取证、或者未经检验或检验不合格而交付使用应承担的法律责任的规定。

一、法律责任的主体

承担本条规定的法律责任的主体是一类放射性物品运输容器制造单位。

二、承担法律责任的行为

根据条例第六条第一款规定："放射性物品运输容器的设计、制造单位应当建立健全责任制度，加强质量管理，并对所从事的放射性物品运输容器的设计、制造活动负责。"作为一类放射性物品运输容器的制造活动的主体，有下列五种行为之一的，应当承担本条规定的法律责任。

1. 未取得制造许可证从事一类放射性物品运输容器制造活动的。

本条第一项是指违反条例第十七条的情形。条例第十七条规定："从事一类放射性物品运输容器制造活动的单位，应当申请领取一类放射性物品运输容器制造许可证（以下简称制造许可证）……禁止无制造许可证或者超出制造许可证规定的范围从事一类放射性物品运输容器的制造活动。"如果一类放射性物品运输容器制造单位没有取得一类放射性物品运输容器制造许可证即从事相关制造活动的，即构成违法，应当承担相应的法律责任。

2. 制造许可证有效期届满，未按照规定办理延续手续，继续从事一类放射性物品运输容器制造活动的。

本条第二项是指违反条例第二十一条的情形。条例第二十一条第二款规定："制造许可证有效期届满，需要延续的，一类放射性物品运输容器制造单位应当于制造许可证有效期届满 6 个月前，向国务院核安全监管部门提出延续申请。"一类放射性物品运输容器制造单位在其容器制造许可证有效期届满，没有按照规定办理延续手续，并继续从事一类放射性物品运输容器制造活动的，即构成违法，应当承担相应的法律责任。

3. 超出制造许可证规定的范围从事一类放射性物品运输容器制造活动的。

本条第三项是指违反条例第十七条第三款的情形。条例第十七条第三款规定："禁止无制造许可证或者超出制造许可证规定的范围从事一类放射性物品运输容器的制造活动。"如果一类放射性物品运输容器制造单位从事的制造活动超出了其制造许可证中规定的活动范围，即构成违法，应当承担相应的法律责任。

4. 变更制造的一类放射性物品运输容器型号，未按照规定重新领取制造许可证的。

本条第四项是指违反条例第二十条第二款的情形。条例第二十条第二款规定："一类放射性物品运输容器制造单位变更制造的运输容器型号的，应当按照原申请程序向国务院核安全监管部门重新申请领取制造许可证。"如果一类放射性物品运输容器制造单位变更其制造的运输容器型号，没有按照规定向国务院核安全监管部门重新申请领取制造许可证，即构成违法，应当承担相应的法律责任。

5. 将未经质量检验或者经检验不合格的一类放射性物品运输容器交付使用的。

本条第五项是指违反条例第十五条第二款的情形。条例第十五条第二款规定："未经质量检验或者经检验不合格的放射性物品运输容器，不得交付使用。"如果一类放射性物品运输容器制造单位将没有经过质量检验，或者经过检验不合格的一类放射性物品运输容器交付使用，即构成违法，应当承担相应的法律责任。

三、按照本条规定，行使处罚权的机关是国务院核安全监管部门。本条规定的处罚措施有：责令停止违法行为，处50万元以上100万元以下的罚款；有违法所得的，没收违法所得。

1. 责令停止违法行为，处50万元以上100万元以下的罚款，即对涉及未取得制造许可证从事一类放射性物品运输容器制造活动的；制造许可证有效期届满，未按照规定办理延续手续，继续从事一类放射性物品运输容器制造活动的；超出制造许可证规定的范围从事一类放射性物品运输容器制造活动的；变更制造的一类放射性物品运输容器型号，未按照规定重新领取制造许可证的；以及将未经质量检验或者经检验不合格的一类放射性物品运输容器交付使用的制造单位，由国务院核安全监管部门根据本条的规定，责令违法行为人停止其违法行为，并进行罚款处罚，处罚数额为50万元以上100万元以下。

2. 有违法所得的，在处以罚款的同时没收违法所得。即按有关规定对违法行为人在违法活动中所获得的收入全部予以没收，不让违法行为获取经济利益。

3. 吊销制造许可证。本条第二款针对涉及超出制造许可证规定的范围从事一类放射性物品运输容器制造活动；或者变更制造的一类放射性物品运输容器型号，未按照规定重新领取制造许可证；或者将未经质量检验或者经检验不合格的一类放射性物品运输容器交付使用，且情节严重的制造单位给出了特别处罚规定，即国务院核安全监管部门根据本条的规定，吊销其制造许可证，吊销许可证是对违法行为人采取的最严重的行政处罚措施。吊销制造许可证可以与前面罚款和没收违法所得同时适用。

第五十四条　一类放射性物品运输容器制造单位变更单位名称、住所或者法定代表人，未依法办理制造许可证变更手续的，由国务院核安全监管部门责令限期改正；逾期不改正的，处 2 万元的罚款。

【释义】本条是关于持有一类放射性物品运输容器制造许可证的单位未依法办理制造许可证变更手续应承担法律责任的规定。

一、法律责任的主体

承担本条规定的法律责任的主体是变更单位名称、住所或者法定代表人而未依法办理一类放射性物品运输容器制造许可证变更手续的一类放射性物品运输容器制造单位。

二、本条所指的违法行为是指违反本条例第二十条第一款规定的情形。条例第二十条第一款明确规定："一类放射性物品运输容器制造单位变更单位名称、住所或者法定代表人的，应当自工商变更登记之日起 20 日内，向国务院核安全监管部门办理制造许可证变更手续。"如果变更单位名称、住所或者法定代表人的一类放射性物品运输容器制造单位，未依法办理一类放射性物品运输容器制造许可证变更手续，就违反了本条例的规定，构成违法，应当依法承担本条所规定的相应法律责任。

三、按照本条规定，行使处罚权的机关是国务院核安全监管部门。本条规定的处罚措施有：

1. 责令限期改正，即由国务院核安全监管部门，对违反本条例规定的一类放射性物品运输容器制造单位，责令限期改正，要求其在规定的时间内，按照规定向国务院核安全监管部门申请办理一类放射性物品运输容器制造许可证变更手续。

2. 逾期不改正的，处 2 万元的罚款，即对于逾期仍未按照规定向国务院核安全监管部门申请办理一类放射性物品运输容器制造许可证变更手续的运输容器制造单位，国务院核安全监管部门将对其进行罚款处罚，处罚数额为 2 万元。

第五十五条　放射性物品运输容器制造单位有下列行为之一的，由国务院核安全监管部门责令停止违法行为，处 5 万元以上 10 万元以下的罚款；有违法所得的，没收违法所得：

（一）在二类放射性物品运输容器首次制造活动开

始前，未按照规定将有关证明材料报国务院核安全监管部门备案的；

（二）将未经质量检验或者经检验不合格的二类、三类放射性物品运输容器交付使用的。

【释义】　本条是关于制造单位对二类放射性物品运输容器制造前未备案，或二类、三类放射性物品运输容器未经检验或检验不合格而交付使用应承担的法律责任的规定。

一、法律责任的主体

承担本条规定的法律责任的主体是二类、三类放射性物品运输容器制造单位。

二、承担法律责任的行为

1. 在二类放射性物品运输容器首次制造活动开始前，未按照规定将有关证明材料报国务院核安全监管部门备案的。

本条第一项是指违反条例第二十二条的情形。条例第二十二条规定：“从事二类放射性物品运输容器制造活动的单位，应当在首次制造活动开始 30 日前，将其具备与所从事的制造活动相适应的专业技术人员、生产条件、检测手段，以及具有健全的管理制度和完善的质量保证体系的证明材料，报国务院核安全监管部门备案。”如果从事二类放射性物品运输容器制造活动的单位，没有按照要求将证明其具备与所从事的制造活动相适应的专业技术人员、生产条件、检测手段，以及具有健全的管理制度和完善的质量保证体系的材料报国务院核安全监管部门备案，就从事相关二类放射性物品运输容器制造活动，即构成违法，相关制造单位应当承担相应的法律责任。

2. 将未经质量检验或者经检验不合格的二类、三类放射性物品运输容器交付使用的。

本条第二项是指违反条例第十五条第二款的情形。条例第十五条第二款规定："未经质量检验或者经检验不合格的放射性物品运输容器，不得交付使用。"如果二类、三类放射性物品运输容器制造单位将没有经过质量检验，或者经过检验不合格的二类、三类放射性物品运输容器交付使用，即构成违法，应当承担相应的法律责任。

三、按照本条规定，行使处罚权的机关是国务院核安全监管部门。本条规定的处罚措施有：责令停止违法行为，处5万元以上10万元以下的罚款；有违法所得的，没收违法所得。

1. 责令停止违法行为，处5万元以上10万元以下的罚款，即对涉及在二类放射性物品运输容器首次制造活动开始前，未按照规定将有关证明材料报国务院核安全监管部门备案；或者将未经质量检验或者经检验不合格的二类、三类放射性物品运输容器交付使用的制造单位，由国务院核安全监管部门根据本条的规定，责令违法行为人停止其违法行为，并进行罚款处罚，处罚数额为5万元以上10万元以下。

2. 有违法所得的，在处以罚款的同时没收违法所得。即按有关规定对违法行为人在违法活动中所获得的收入全部予以没收，不让违法行为获取经济利益。

第五十六条　放射性物品运输容器制造单位有下列行为之一的，由国务院核安全监管部门责令限期改正；逾期不改正的，处1万元以上5万元以下的罚款：

（一）未按照规定对制造的一类、二类放射性物品运输容器统一编码的；

（二）未按照规定将制造的一类、二类放射性物品运输容器编码清单报国务院核安全监管部门备案的；

（三）未按照规定将制造的三类放射性物品运输容器的型号和数量报国务院核安全监管部门备案的。

【释义】本条是关于违反放射性物品运输容器编码或备案要求的放射性物品运输容器制造单位应承担法律责任的规定。

一、法律责任的主体

承担本条规定的法律责任的主体是放射性物品运输容器制造单位。

二、承担法律责任的行为

1. 未按照规定对制造的一类、二类放射性物品运输容器统一编码的。

本条第一项是指违反条例第二十三条的情形。条例第二十三条规定："一类、二类放射性物品运输容器制造单位，应当按照国务院核安全监管部门制定的编码规则，对其制造的一类、二类放射性物品运输容器统一编码，并于每年1月31日前将上一年度的运输容器编码清单报国务院核安全监管部门备案。"如果一类、二类放射性物品运输容器制造单位，没有按照国务院核安全监管部门制定的编码规则对其所制造的一类、二类放射性物品运输容器进行编码，即构成违法，应当承担相应的法律责任。

2. 未按照规定将制造的一类、二类放射性物品运输容器编码清单报国务院核安全监管部门备案的。

本条第二项是指违反条例第二十三条的情形。条例第二十三条规定："一类、二类放射性物品运输容器制造单位，应当按照国务院核安全监管部门制定的编码规则，对其制造的一类、二类放射性物品运输容器统一编码，并于每年1月31日前将上一年度的运输容器编码清单报国务院核安全监管部门备案。"如果二类、三类放射性物品运输容器制造单位没有按照要求在每年1月31日前将上一年度的运输容器编码清单报国务院核安全监管部门备案，即构成违法，应当承担相应的法律责任。

3. 未按照规定将制造的三类放射性物品运输容器的型号和数量报国务院核安全监管部门备案的。

本条第三项是指违反条例第二十四条的情形。条例第二十四条规定："从事三类放射性物品运输容器制造活动的单位，应当于每年1月31日前将上一年度制造的运输容器的型号和数量报国务院核安全监管部门备案。"如果三类放射性物品运输容器制造单位没有按照要求在每年1月31日前将上一年度制造的运输容器的型号和数量报国务院核安全监管部门备案，即构成违法，相关制造单位应当承担相应的法律责任。

三、按照本条规定，行使处罚权的机关是国务院核安全监管部门。本条规定的处罚措施有：责令限期改正；逾期不改正的，处 1 万元以上 5 万元以下的罚款。

1. 责令限期改正，即由国务院核安全监管部门，责令违反本条例规定的放射性物品运输容器制造单位限期改正，要求其在规定的时间内，按照规定对所制造的一类、二类放射性物品运输容器进行统一编码；或将制造的一类、二类放射性物品运输容器编码清单报国务院核安全监管部门备案；或将制造的三类放射性物品运输容器的型号和数量报国务院核安全监管部门备案。

2. 逾期不改正的，处 1 万元以上 5 万元以下的罚款，即对于违反本条例规定且逾期不改正的放射性物品运输容器制造单位，国务院核安全监管部门将视情节轻重对其进行罚款处罚，处罚数额为 1 万元以上 5 万元以下。

第五十七条　放射性物品运输容器使用单位未按照规定对使用的一类放射性物品运输容器进行安全性能评价，或者未将评价结果报国务院核安全监管部门备案的，由国务院核安全监管部门责令限期改正；逾期不改正的，处 1 万元以上 5 万元以下的罚款。

【释义】本条是关于一类放射性物品运输容器使用单位未进行安全性能评价或未将评价结果报备案应承担法律责任的规定。

一、法律责任的主体

承担本条规定的法律责任的主体是一类放射性物品运输容器使用单位。

二、本条所指的违法行为是指违反本条例第二十五条第二款规定的情形。条例第二十五条第二款规定："一类放射性物品运输容器使用单位还应当对其使用的一类放射性物品运输容器每两年进行一次安全性能评价，并将评价结果报国务院核安全监管部门备案。"如果一类放射性物品运输容器使用单位没有按照规定对其所使用的一类放射性物品运输容器每两年进行一次安全性能评价，或者进行了安全性能评价但没有按照规定将评价结果报国务院核安全监管部门备案，均违反了本条例的规定，构成违法，应当依法承担本条所规定的相应法律责任。

三、按照本条规定，行使处罚权的机关是国务院核安全监管部门。本条规定的处罚措施有：责令限期改正；逾期不改正的，处 1 万元以上 5 万元以下的罚款。

1. 责令限期改正，即由国务院核安全监管部门，责令违反本条例规定的一类放射性物品运输容器使用单位限期改正，要求其在规定的时间内，按照规定对所使用的一类放射性物品运输容器进行安全性能评价，并将评价结果报国务院核安全监管部门备案；对于进行了安全性能评价但没有按照规定将评价结果报国务院核安全监管部门备案的，要求其在规定的时间内，将评价结果报国务院核安全监管部门备案。

2. 逾期不改正的，处 1 万元以上 5 万元以下的罚款，即对于违反本条例规定且逾期不改正的一类放射性物品运输容器使用单位，国务院核安全监管部门将视情节轻重对其进行罚款处罚，处罚数额为 1 万元以上 5 万元以下。

第五十八条　未按照规定取得使用批准书使用境外单位制造的一类放射性物品运输容器的，由国务院核安全监管部门责令停止违法行为，处 50 万元以上 100 万元以下的罚款。

未按照规定办理备案手续使用境外单位制造的二类放射性物品运输容器的，由国务院核安全监管部门责令停止违法行为，处 5 万元以上 10 万元以下的罚款。

【释义】本条是关于放射性物品运输容器使用单位不按照规定取得使用批准书或办理备案手续应承担法律责任的规定。

一、法律责任的主体

承担本条规定的法律责任的主体是未按照规定取得使用批准书使用境外单位制造的一类放射性物品运输容器，或未按照规定办理备案手续使用境外单位制造的二类放射性物品运输容器的使用单位。

二、本条所指的违法行为有两种：

1. 违反本条例第二十六条第一款规定的情形。本条例第二十六条第一款规定："使用境外单位制造的一类放射性物品运输容器的，应当在首次使用前报国务院核安全监管部门审查批准。"如果要使用境外单位制造的一类放射性物品运输容器，使用单位应当按照本条例第二十六条的规定申请领取一类放射性物品运输容器的使用批准书后再开始相应活动，否则，就违反了本条例的规定，构成违法，应当依法承担本条所规定的相应法律责任。

2. 违反本条例第二十七条规定的情形。本条例第二十七条规定："使用境外单位制造的二类放射性物品运输容器的，应当在首次使用前将运输容器质量合格证明和符合中华人民共和国法律、行政法规规定，以及国家放射性物品运输安全标准或者经国务院核安全监管部门认可的标准的说明材料，报国务院核安全监管部门备案。"如果要使用境外单位制造的二类放射性物品运输容器，使用单位应当按照本条例第二十七条的规定将相关说明材料报国务院核安全监管部门备案后再开始相应活动，否则，就违反了本条例的规定，构成违法，应当依法承担本条所规定的相应法律责任。

三、按照本条规定，行使处罚权的机关是国务院核安全监管部门。本条规定的处罚措施有：

1. 责令停止违法行为，处50万元以上100万元以下的罚款。即对不按照规定取得一类放射性物品运输容器的使用批准书而使用境外单位制造的一类放射性物品运输容器的使用单位，由国务院核安全监管部门根据本条的规定，责令违法行为人停止违法行为，并对违法单位进行罚款处罚，处罚数额为50万元以上100万元以下。

2. 责令停止违法行为，处5万元以上10万元以下的罚款。即对不按照规定办理备案手续使用境外单位制造的二类放射性物品运输容器的使用单位，由国务院核安全监管部门根据本条的规定，责令违法行为人停止违法行为，并对违法单位进行罚款处罚，处罚数额为5万元以上10万元以下。

第五十九条 托运人未按照规定编制放射性物品运输说明书、核与辐射事故应急响应指南、装卸作业方法、安全防护指南的，由国务院核安全监管部门责令限期改正；逾期不改正的，处1万元以上5万元以下的罚款。

托运人未按照规定将放射性物品运输的核与辐射安全分析报告批准书、辐射监测报告备案的，由启运地的省、自治区、直辖市人民政府环境保护主管部门责令限期改正；逾期不改正的，处1万元以上5万元以下的罚款。

【释义】本条是关于托运人不按照规定编制文件或进行备案应承担法律责任的规定。

一、法律责任的主体

承担本条规定的法律责任的主体是未按照规定编制放射

性物品运输说明书、核与辐射事故应急响应指南、装卸作业方法、安全防护指南或未按照规定将放射性物品运输的核与辐射安全分析报告批准书、辐射监测报告备案的托运人。

二、本条所指的违法行为有两种：

（一）本条第一款是指违反本条例第二十九条第一款规定的情形。条例第二十九条第一款规定："托运放射性物品的，托运人应当持有生产、销售、使用或者处置放射性物品的有效证明，使用与所托运的放射性物品类别相适应的运输容器进行包装，配备必要的辐射监测设备、防护用品和防盗、防破坏设备，并编制运输说明书、核与辐射事故应急响应指南、装卸作业方法、安全防护指南。"如果要托运放射性物品，托运人应当按照本条例第二十九条的规定编制运输说明书、核与辐射事故应急响应指南、装卸作业方法、安全防护指南后再开始相应活动，否则，就违反了本条例的规定，构成违法，应当依法承担本条所规定的相应法律责任。

（二）本条第二款是指违反本条例第三十七条第一款规定的情形。本条例第三十七条第一款规定："一类放射性物品启运前，托运人应当将放射性物品运输的核与辐射安全分析报告批准书、辐射监测报告，报启运地的省、自治区、直辖市人民政府环境保护主管部门备案。"如果要托运一类放射性物品，托运人应当在启运前按照本条例第三十七条的规定，将核与辐射安全分析报告批准书、辐射监测报告报启运地的省、自治区、直辖市人民政府环境保护主管部门备案后再开始相应活动，否则，就违反了本条例的规定，构成违法，应当依法承担本条所规定的相应法律责任。

三、按照本条规定，行使行政处罚权的机关是国务院核安全监管部门和启运地的省、自治区、直辖市人民政府环境保护主管部门。

（一）国务院核安全监管部门有权进行的处罚措施有：

1. 责令限期改正。即对不按照规定编制放射性物品运输说明书、核与辐射事故应急响应指南、装卸作业方法、安全防护指南的托运人，由国务院核安全监管部门根据本条的规定，责令违法行为人限期改正，要求其在规定的时间内，按照规定编制放射性物品运输说明书、核与辐射事故应急响应指南、装卸作业方法、安全防护指南。

2. 逾期不改正的，处 1 万元以上 5 万元以下的罚款。即对不按照规定编制放射性物品运输说明书、核与辐射事故应急响应指南、装卸作业方法、安全防护指南的托运人，在责令其限期改正后逾期仍未改正的，由国务院核安全监管部门根据本条的规定，对违法单位进行罚款处罚，处罚数额为 1 万元以上 5 万元以下。

（二）启运地的省、自治区、直辖市人民政府环境保护主管部门有权进行的处罚有：

1. 责令限期改正。即对不按照规定将放射性物品运输的核与辐射安全分析报告批准书、辐射监测报告备案的托运人，由启运地的省、自治区、直辖市人民政府环境保护主管部门根据本条的规定，责令违法行为人限期改正，要求其在规定的时间内，按照规定将放射性物品运输的核与辐射安全分析报告批准书、辐射监测报告提交备案。

2. 逾期不改正的，处1万元以上5万元以下的罚款。即对不按照规定将放射性物品运输的核与辐射安全分析报告批准书、辐射监测报告备案的托运人，在责令其限期改正后逾期仍未改正的，由启运地的省、自治区、直辖市人民政府环境保护主管部门根据本条的规定，对违法单位进行罚款处罚，处罚数额为1万元以上5万元以下。

第六十条　托运人或者承运人在放射性物品运输活动中，有违反有关法律、行政法规关于危险货物运输管理规定行为的，由交通运输、铁路、民航等有关主管部门依法予以处罚。

违反有关法律、行政法规规定邮寄放射性物品的，由公安机关和邮政管理部门依法予以处罚。在邮寄进境物品中发现放射性物品的，由海关依照有关法律、行政法规的规定处理。

【释义】本条是关于法律责任衔接的有关规定。

一、本条第一款规定违反交通运输、铁路、民航法律法规的处罚。

托运人或者承运人在放射性物品运输活动中，如果有违反了交通运输、铁路、民航等有关法律、行政法规关于危险货物运输管理规定行为的，如《中华人民共和国道路交通安全法》、《中华人民共和国道路运输条例》、《中华人民共

和国海上交通安全法》、《中华人民共和国港口法》、《铁路
运输安全保护条例》、《铁路危险货物托运人资质许可办
法》、《铁路危险货物承运人资质许可办法》、《中华人民共
和国民用航空法》，分别由交通运输、铁路、民航等有关主
管部门依法予以处罚。

二、本条第二款规定违反有关法律、行政法规规定邮寄
放射性物品的，由公安机关和邮政管理部门依法予以处罚。
在邮寄进境物品中发现放射性物品的，由海关依照有关法
律、行政法规的规定处理，如《中华人民共和国海关法》、
《中华人民共和国货物进出口管理条例》。

第六十一条　托运人未取得放射性物品运输的核
与辐射安全分析报告批准书托运一类放射性物品的，
由国务院核安全监管部门责令停止违法行为，处 50 万
元以上 100 万元以下的罚款。

【释义】本条是关于托运人未取得放射性物品运输的核
与辐射安全分析报告批准书而托运一类放射性物品应承担法
律责任的规定。

一、法律责任的主体

承担本条规定的法律责任的主体是未取得放射性物品运
输的核与辐射安全分析报告批准书而托运一类放射性物品的
托运人。

二、本条所指的违法行为是指违反本条例第三十五条第

一款规定的情形

本条例第三十五条第一款规定："托运一类放射性物品的，托运人应当编制放射性物品运输的核与辐射安全分析报告书，报国务院核安全监管部门审查批准。"托运人要托运一类放射性物品，应当按照本条例第三十五条第一款的规定，申请领取放射性物品运输的核与辐射安全分析报告批准书后才能开始相应活动，否则，就违反了本条例的规定，构成违法，应当依法承担本条所规定的相应法律责任。

三、按照本条规定，行使处罚权的机关是国务院核安全监管部门

本条规定的处罚措施为：责令停止违法行为，处 50 万元以上 100 万元以下的罚款。即对不按照规定取得放射性物品运输的核与辐射安全分析报告批准书而托运一类放射性物品的托运人，由国务院核安全监管部门根据本条的规定，责令违法行为人停止违法行为，并对违法单位进行罚款处罚，处罚数额为 50 万元以上 100 万元以下。

第六十二条　通过道路运输放射性物品，有下列行为之一的，由公安机关责令限期改正，处 2 万元以上 10 万元以下的罚款；构成犯罪的，依法追究刑事责任：

（一）未经公安机关批准通过道路运输放射性物品的；

（二）运输车辆未按照指定的时间、路线、速度行驶或者未悬挂警示标志的；

（三）未配备押运人员或者放射性物品脱离押运人员监管的。

【释义】本条是关于托运人或者承运人未按规定通过道路运输放射性物品应承担法律责任的规定。

一、法律责任的主体

承担本条规定的法律责任的主体是未按照规定通过道路运输放射性物品的托运人或者承运人。

二、本条是指违反条例第三十八条第一款规定的情形

条例第三十八条第一款规定："通过道路运输放射性物品的，应当经公安机关批准，按照指定的时间、路线、速度行驶，并悬挂警示标志，配备押运人员，使放射性物品处于押运人员的监管之下。"因此，托运人或者承运人具有以下三种情形之一时，即违反了本条例的规定，构成违法，应当依法承担相应的法律责任：

1. 未经公安机关批准通过道路运输放射性物品的；

2. 运输车辆未按照指定的时间、路线、速度行驶或者未悬挂警示标志的；

3. 未配备押运人员或者放射性物品脱离押运人员监管的。

三、按照本条规定，行使行政处罚的机关是公安机关

本条规定的处罚措施为：由公安机关责令限期改正，处 2 万元以上 10 万元以下的罚款。即对未经公安机关批准通过道路运输放射性物品；运输车辆未按照指定的时间、路

线、速度行驶或者未悬挂警示标志；以及未配备押运人员或者放射性物品脱离押运人员监管的托运人或者承运人，由公安机关根据本条的规定，责令违法行为人限期改正，要求其在规定的时间内，取得公安机关批准；运输车辆按照指定的时间、路线、速度行驶；悬挂警示标志；配备押运人员；保证放射性物品未脱离押运人员监管。同时，公安机关对违法单位进行罚款处罚，处罚数额为 2 万元以上 10 万元以下。

四、构成犯罪的，依法追究刑事责任

本条规定，对构成犯罪的要依法追究刑事责任。本条可能涉及的刑事责任包括：《中华人民共和国刑法》第一百三十六条规定的危险品肇事罪、第三百三十八条规定的污染环境罪等。

1. 危险物品肇事罪。《中华人民共和国刑法》第一百三十六条规定："违反爆炸性、易燃性、放射性、毒害性、腐蚀性物品的管理规定，在生产、储存、运输、使用中发生重大事故，造成严重后果的，处三年以下有期徒刑或者拘役；后果特别严重的，处三年以上七年以下有期徒刑。"

构成危险物品肇事罪要求：（1）构成本罪的主体是通过道路运输放射性物品的托运人或者承运人。（2）行为人的主观上是出于过失。（3）在客观上表现为行为人未经公安机关批准通过道路运输放射性物品；运输车辆未按照指定的时间、路线、速度行驶或者未悬挂警示标志；以及未配备押运人员或者放射性物品脱离押运人员监管而发生重大事故，造成严重后果。（4）只有行为人违反条例规定引发重大事故，造成严重后果的，才构成犯罪。"造成严重后果"，是指造成人员伤亡或者使公私财物遭受重大损失。构成该罪依照《中华人民共和国刑法》第一百三十六条的规定，处三年以下有期徒刑或者拘役；后果特别严重的，处三年以上七年以下有期徒刑。

2. 污染环境罪。刑法第三百三十八条规定："违反国家规定，排放、倾倒或者处置有放射性的废物、含传染病病原体的废物、有毒物质或者其他有害物质，严重污染环境的，处三年以下有期徒刑或者拘役，并处或者单处罚金；后果特别严重的，处三年以上七年以下有期徒刑，并处罚金。"构成此罪应具备以下条件：（1）构成本罪的主体是通过道路运输放射性物品的托运人或者承运人。（2）行为人的主观上是出于过失，这种过失表现为对严重污染环境的发生，行为人在主观意愿上并不希望其发生。（3）在客观方面表现为，未经公安机关批准通过道路运输放射性物品；运输车辆未按照指定的时间、路线、速度行驶或者未悬挂警示标志；以及未配备押运人员或者放射性物品脱离押运人员监管，造成严重污染环境。（4）行为人的行为必须造成严重污染环境，才构成本罪。构成该罪依照《中华人民共和国刑法》第三百三十八条的规定，处三年以下有期徒刑或者拘役，并处或者单处罚金；后果特别严重的，处三年以上七年以下有期徒刑，并处罚金。

第六十三条　托运人有下列行为之一的，由启运

地的省、自治区、直辖市人民政府环境保护主管部门
责令停止违法行为，处 5 万元以上 20 万元以下的罚款：

（一）未按照规定对托运的放射性物品表面污染和
辐射水平实施监测的；

（二）将经监测不符合国家放射性物品运输安全标
准的放射性物品交付托运的；

（三）出具虚假辐射监测报告的。

【释义】本条是关于托运人未按照规定对托运的放射性
物品实施监测、监测不合格托运和出具虚假报告应承担法律
责任的规定。

一、法律责任的主体

承担本条规定的法律责任的主体是未按照规定对托运的
放射性物品表面污染和辐射水平实施监测、将经监测不符合
国家放射性物品运输安全标准的放射性物品交付托运以及出
具虚假辐射监测报告的托运人。

二、本条所指的违法行为有三种：

1. 违反条例第三十条第一款和第二款规定的情形。条
例第三十条第一款和第二款规定："托运一类放射性物品
的，托运人应当委托有资质的辐射监测机构对其表面污染和
辐射水平实施监测，辐射监测机构应当出具辐射监测报告。
托运二类、三类放射性物品的，托运人应当对其表面污染和
辐射水平实施监测，并编制辐射监测报告。"如果要托运放
射性物品，托运人没有按照本条例第三十条第一款和第二款

的规定委托有资质的辐射监测机构对一类放射性物品表面污染和辐射水平实施监测；或者没有对二类、三类放射性物品表面污染和辐射水平实施监测，就违反了本条例的规定，构成违法，应当依法承担本条所规定的相应法律责任。

2. 违反条例第三十条第三款规定的情形。条例第三十条第三款规定："监测结果不符合国家放射性物品运输安全标准的，不得托运。"如果要托运放射性物品的表面污染和辐射水平监测结果不符合国家放射性物品运输安全标准，还进行托运，就违反了本条例的规定，构成违法，应当依法承担本条所规定的相应法律责任。

3. 违反条例第三十条第一款和第二款规定的情形。条例第三十条第一款和第二款规定："托运一类放射性物品的，托运人应当委托有资质的辐射监测机构对其表面污染和辐射水平实施监测，辐射监测机构应当出具辐射监测报告。托运二类、三类放射性物品的，托运人应当对其表面污染和辐射水平实施监测，并编制辐射监测报告。"如果相关监测单位没有对放射性物品表面污染和辐射水平实施监测就出具了虚假辐射监测报告或者对放射性物品表面污染和辐射水平实施了监测，但出具的监测报告与实际监测结果不符，均构成违法，也应当依法承担本条所规定的相应法律责任。

三、按照本条规定，行使处罚权的机关是启运地的省、自治区、直辖市人民政府环境保护主管部门。由于本条的违法行为均在启运地发生，因此本条例将行使行政处罚的权利赋予了启运地的省、自治区、直辖市人民政府环境保护主管部门。

　　本条规定的处罚措施为：停止违法行为，处5万元以上20万元以下的罚款。即对未按照规定对托运的放射性物品表面污染和辐射水平实施监测、将经监测不符合国家放射性物品运输安全标准的放射性物品交付托运以及出具虚假辐射监测报告的托运人，由启运地的省、自治区、直辖市人民政府环境保护主管部门根据本条的规定，责令违法行为人停止违法行为，并对违法单位进行罚款处罚，处罚数额为5万元以上20万元以下。

　　第六十四条　未取得放射性物品运输的核与辐射安全分析报告批准书或者放射性物品运输的辐射监测报告备案证明，将境外的放射性物品运抵中华人民共和国境内，或者途经中华人民共和国境内运输的，由海关责令托运人退运该放射性物品，并依照海关法律、行政法规给予处罚；构成犯罪的，依法追究刑事责任。托运人不明的，由承运人承担退运该放射性物品的责任，或者承担该放射性物品的处置费用。

　　【释义】本条是关于托运人不按照规定将境外的放射性物品运抵境内或者途经境内运输应承担法律责任的规定。

　　一、法律责任的主体

　　承担本条规定的法律责任的主体是未按照规定将境外的放射性物品运抵中华人民共和国境内，或者途经中华人民共和国境内运输的托运人。托运人不明的，由承运人承担退运责任或者处置费用。

二、本条所指的违法行为有两种：

1. 违反本条例第四十一条第一款规定："一类放射性物品从境外运抵中华人民共和国境内，或者途经中华人民共和国境内运输的，托运人应当编制放射性物品运输的核与辐射安全分析报告书，报国务院核安全监管部门审查批准。审查批准程序依照本条例第三十五条第三款的规定执行。"如果托运人要将境外的一类放射性物品运抵中华人民共和国境内，或者途经中华人民共和国境内运输，应当按照本条例第四十一条第一款的规定申请领取放射性物品运输的核与辐射安全分析报告批准书后再开始相应活动，否则，就违反了本条例的规定，构成违法，应当依法承担本条所规定的相应法律责任。

2. 违反本条例第四十一条第二款规定："二类、三类放射性物品从境外运抵中华人民共和国境内，或者途经中华人民共和国境内运输的，托运人应当编制放射性物品运输的辐射监测报告，报国务院核安全监管部门备案。"如果托运人要将境外的二类、三类放射性物品运抵中华人民共和国境内，或者途经中华人民共和国境内运输，应当按照本条例第四十一条第二款的规定编制放射性物品运输的辐射监测报告，报国务院核安全监管部门备案，取得放射性物品运输的辐射监测报告备案证明后，再开始相应活动，否则，就违反了本条例的规定，构成违法，应当依法承担本条所规定的相应法律责任。

三、按照本条规定，行使处罚权的机关是海关

本条例第四十一条第三款规定："托运人、承运人或者其代理人向海关办理有关手续，应当提交国务院核安全监管部门颁发的放射性物品运输的核与辐射安全分析报告批准书或者放射性物品运输的辐射监测报告备案证明。"如果在向海关办理有关手续时不能提交上述文件，则表明托运人未取得放射性物品运输的核与辐射安全分析报告批准书或者放射性物品运输的辐射监测报告备案证明，因此，海关是最先发现托运人违法行为的机关，本条例将行使处罚权的权利赋予了海关。

本条规定的处罚措施为：责令托运人退运该放射性物品，并依照海关法律、行政法规给予处罚。即对未取得放射性物品运输的核与辐射安全分析报告批准书或者放射性物品运输的辐射监测报告备案证明，将境外的放射性物品运抵中华人民共和国境内，或者途经中华人民共和国境内运输的托运人，由海关根据本条的规定，责令托运人退运该放射性物品，同时依照海关法律、行政法规给予托运人处罚。

四、构成犯罪的，依法追究刑事责任

本条规定，对构成犯罪的要依法追究刑事责任。本条可能涉及的刑事责任包括：《中华人民共和国刑法》第一百五十一条规定的走私罪、第三百三十八条规定的污染环境罪等。

1. 走私罪。刑法第一百五十一条第一款规定："走私武

器、弹药、核材料或者伪造的货币的，处七年以上有期徒刑，并处罚金或者没收财产；情节特别严重的，处无期徒刑或者死刑，并处没收财产；情节较轻的，处三年以上七年以下有期徒刑，并处罚金。"

构成此罪应具备以下条件：（1）构成本罪的主体是将境外的放射性物品运抵中华人民共和国境内，或者途经中华人民共和国境内运输的托运人。（2）行为人的主观上是故意，并且是直接故意，过失不构成本罪。（3）在客观方面表现为未取得放射性物品运输的核与辐射安全分析报告批准书或者放射性物品运输的辐射监测报告备案证明，将境外的放射性物品运抵中华人民共和国境内，或者途经中华人民共和国境内运输。（4）行为人的行为必须造成走私核材料，才构成本罪。构成该罪依照《中华人民共和国刑法》第一百五十一条的规定，处七年以上有期徒刑，并处罚金或者没收财产；情节特别严重的，处无期徒刑或者死刑，并处没收财产；情节较轻的，处三年以上七年以下有期徒刑，并处罚金。

2. 污染环境罪。刑法第三百三十八条规定："违反国家规定，排放、倾倒或者处置有放射性的废物、含传染病病原体的废物、有毒物质或者其他有害物质，严重污染环境的，处三年以下有期徒刑或者拘役，并处或者单处罚金；后果特别严重的，处三年以上七年以下有期徒刑，并处罚金。"

构成此罪应具备以下条件：（1）构成本罪的主体是将境外的放射性物品运抵中华人民共和国境内，或者途经中华人民共和国境内运输的托运人。（2）行为人的主观上是出于过失，这种过失表现为对严重污染环境的发生，行为人在主观意愿上并不希望其发生。（3）在客观方面表现为未取得放射性物品运输的核与辐射安全分析报告批准书或者放射性物品运输的辐射监测报告备案证明，将境外的放射性物品运抵中华人民共和国境内，或者途经中华人民共和国境内运输，造成严重污染环境。（4）行为人的行为必须造成严重污染环境，才构成本罪。构成该罪依照《中华人民共和国刑法》第三百三十八条的规定，处三年以下有期徒刑或者拘役，并处或者单处罚金；后果特别严重的，处三年以上七年以下有期徒刑，并处罚金。

五、托运人不明的，由承运人承担相应责任

对于托运人不明确的，本条要求由承运人承担相应的责任，即将该放射性物品退运；如果需要将该放射性物品处置，则承运人需承担处置该放射性物品的所有费用。

第六十五条　违反本条例规定，在放射性物品运输中造成核与辐射事故的，由县级以上地方人民政府环境保护主管部门处以罚款，罚款数额按照核与辐射事故造成的直接损失的20%计算；构成犯罪的，依法追究刑事责任。

托运人、承运人未按照核与辐射事故应急响应指南的要求，做好事故应急工作并报告事故的，由县级以上地方人民政府环境保护主管部门处5万元以上20

万元以下的罚款。

因核与辐射事故造成他人损害的，依法承担民事责任。

【释义】本条是关于托运人和承运人在放射性物品运输中造成核与辐射事故以及未按照要求做好应急应承担法律责任的规定。

一、法律责任的主体

承担本条规定的法律责任的主体是在放射性物品运输中造成核与辐射事故的，以及未按照核与辐射事故应急响应指南的要求，做好事故应急工作并报告事故的托运人、承运人。

二、本条所指的违法行为是指违反本条例第四十三条"放射性物品运输中发生核与辐射事故的，承运人、托运人应当按照核与辐射事故应急响应指南的要求，做好事故应急工作，并立即报告事故发生地的县级以上人民政府环境保护主管部门"的规定。如果托运人、承运人违反本条例规定，在放射性物品运输中造成核与辐射事故，或者未按照核与辐射事故应急响应指南的要求，做好事故应急工作并报告事故，就违反了本条例的规定，构成违法，应当依法承担本条所规定的相应法律责任。

三、按照本条规定，行使处罚权的机关是县级以上地方人民政府环境保护主管部门。本条规定的处罚措施有：

1. 处以罚款，罚款数额按照核与辐射事故造成的直接损失的20%计算。即对违反本条例规定，在放射性物品运输中造成核与辐射事故的，由县级以上地方人民政府环境保护主管部门根据本条的规定，处以罚款，罚款数额按照核与辐射事故造成的直接损失的20%计算。

2. 处5万元以上20万元以下的罚款。即对未按照核与辐射事故应急响应指南的要求，做好事故应急工作并报告事故的托运人、承运人，由县级以上地方人民政府环境保护主管部门根据本条的规定，处5万元以上20万元以下的罚款。

四、构成犯罪的，依法追究刑事责任

本条规定，对构成犯罪的要依法追究刑事责任。本条可能涉及的刑事责任包括：《中华人民共和国刑法》第一百三十六条规定的危险品肇事罪、第三百三十八条规定的污染环境罪等。具体参见第六十二条释义。

五、本条例规定因核与辐射事故造成他人损害的，应当依法承担民事责任

1. 民事责任是指公民、法人或者其他组织因违反合同或者不履行其他义务，或者由于过错侵害国家、集体财产或者他人财产权利、人身权利所应当承担的法律后果。民事责任主要包括两类：一是违反合同的民事责任，即违约责任；二是侵权的民事责任，即侵权责任。违约责任是指当事人一方不履行合同义务或者履行合同义务不符合约定的，应当承担的民事法律后果。侵权责任是指公民、法人或者其他组织实施侵权行为，侵害他人财产权利、人身权利，导致他人的合法权利受到损害，应当承担的民事法律后果。本条规定的

核与辐射事故造成的他人损害所应承担的责任属于侵权责任。

2. 根据《中华人民共和国民法通则》第一百二十三条规定，"从事高空、高压、易燃、易爆、剧毒、放射性、高速运输工具等对周围环境有高度危险的作业造成他人损害的，应当承担民事责任；如果能够证明损害是由受害人故意造成的，不承担民事责任。"这说明因核与辐射事故造成他人损害的侵权行为属于特殊侵权行，适用无过错责任原则，即不以过错为承担责任的条件，加害人原则上应当对损害承担侵权责任，除非其能证明损害的发生是出于受害人的故意所致。如果可以证明受害人对于损害的发生有过失，法院可依据民法通则第一百三十一条关于过失相抵的规定，减轻加害人的责任。

3. 根据本条规定，托运人和承运人违反条例规定导致发生核与辐射事故，除依法承担相应的行政责任和刑事责任外，造成他人损害的，还应承担相应的民事责任。受害人可以依法请求民事赔偿。《中华人民共和国民法通则》对承担民事责任的方式作了十项规定。民事责任的实质是法律强制加害人向受害人支付一笔金钱以弥补受害人所受到的损害。结合核与辐射事故损害的特点，造成他人损害的民事责任主要有：停止侵害、赔偿损失。赔偿损失，即民事赔偿，包括直接损失和间接损失的赔偿金。就损害赔偿金问题既可以与加害人协商或者由环境保护主管部门调解解决，也可以直接向法院提起诉讼解决。

本条可以被民事诉讼援引，作为当事人提起民事损害赔偿诉讼的依据，有十分重要的现实意义。

第六十六条　拒绝、阻碍国务院核安全监管部门或者其他依法履行放射性物品运输安全监督管理职责的部门进行监督检查，或者在接受监督检查时弄虚作假的，由监督检查部门责令改正，处 1 万元以上 2 万元以下的罚款；构成违反治安管理行为的，由公安机关依法给予治安管理处罚；构成犯罪的，依法追究刑事责任。

【释义】本条是关于拒绝或者阻碍国务院核安全监管部门及其派出机构监督检查，或者在接受监督检查时弄虚作假的被检查单位应承担法律责任的规定。

一、法律责任的主体

承担本条规定的法律责任的主体是被检查单位，即拒绝、阻碍国务院核安全监管部门或者其他依法履行放射性物品运输安全监督管理职责的部门进行监督检查，或者在接受监督检查时弄虚作假的放射性物品运输容器的设计、制造、使用单位和放射性物品的托运人、承运人。

二、本条所指的违法行为是指违反本条例第四十四条第三款规定："被检查单位应当予以配合，如实反映情况，提供必要的资料，不得拒绝和阻碍。"如果被检查单位违反本条例规定，拒绝、阻碍国务院核安全监管部门或者其他依法履行放射性物品运输安全监督管理职责的部门进行监督检查，或者在接受监督检查时不如实反映情况，弄虚作假的，就违反了本条例的规定，构成违法，应当依法承担本条所规定的相应法律责任。

三、按照本条规定，行使处罚权的机关是监督检查部门和公安机关，监督检查部门是指国务院核安全监管部门和其他依法履行放射性物品运输安全监督管理职责的部门。

1. 国务院核安全监管部门和其他依法履行放射性物品运输安全监督管理职责的部门有权进行的处罚措施为：责令改正，处1万元以上2万元以下的罚款。即对拒绝、阻碍国务院核安全监管部门或者其他依法履行放射性物品运输安全监督管理职责的部门进行监督检查，或者在接受监督检查时弄虚作假的被检查单位，由监督检查部门根据本条的规定，责令改正，并对违法单位进行罚款处罚，处罚数额为1万元以上2万元以下。

2. 构成违反治安管理行为的，由公安机关依法给予治安管理处罚。这是一条指引性条款，将违反条例规定，并且已经违反治安管理，但尚未构成犯罪的违法行为指引向公安机关，由公安机关依据《中华人民共和国治安管理处罚法》和其他有关法律法规进行处罚。违反治安管理的行为一般指扰乱社会秩序，妨害公共安全和公民人身权利，侵犯公私财产，尚不够刑事处罚的行为。

四、构成犯罪的，依法追究刑事责任

本条规定，对构成犯罪的要依法追究刑事责任。本条可能涉及的刑事责任主要是指《中华人民共和国刑法》第二百七十七条规定的妨害公务罪。《中华人民共和国刑法》第二百七十七条第一款规定："以暴力、威胁方法阻碍国家机关工作人员依法执行职务的，处三年以下有期徒刑、拘役、管制或者罚金"。

　　妨害公务罪的构成包括四个方面：一是该罪的主体是一般主体，即凡是达到法定刑事责任年龄、具有刑事责任能力的人均可构成该罪。二是该罪侵犯的客体是国务院核安全监管部门或者其他依法履行放射性物品运输安全监督管理职责部门的国家机关工作人员。本条例第四十四条第一款明确规定："国务院核安全监管部门和其他依法履行放射性物品运输安全监督管理职责的部门，应当依据各自职责对放射性物品运输安全实施监督检查。"即条例赋予了国务院核安全监管部门和其他依法履行放射性物品运输安全监督管理职责的部门进行监督检查的职责。三是该罪的行为人在主观上是故意。四是该罪在客观方面表现为行为人必须具有违反本条例第四十四条第三款规定的行为，并且该行为是用暴力、威胁方法，才构成犯罪。以上四个构成要件，缺一不可，否则就不构成该罪。依照《中华人民共和国刑法》第二百七十七条的规定，构成该罪处三年以下有期徒刑、拘役、管制或者罚金。

第七章 附 则

第六十七条 军用放射性物品运输安全的监督管理，依照《中华人民共和国放射性污染防治法》第六十条的规定执行。

【释义】本条是关于军用放射性物品运输安全的监督管理的规定。

一、本条例主要定位在规范民用放射性物品运输安全的监督管理工作，对于军用放射性物品运输安全问题，根据《中华人民共和国放射性污染防治法》第六十条的规定："军用设施、装备的放射性污染防治，由国务院和军队的有关主管部门依照本法规定的原则和国务院、中央军事委员会规定的职责实施监督管理。"因此，应由军队的有关主管部门依照本条例中规定的原则和中央军事委员会划定的职责进行监督管理。同时，根据《中国人民解放军环境保护条例》第三条的规定："军队环境保护工作是国家环境保护事业的组成部分，应当贯彻执行国家有关环境保护的方针、政策、法律、法规，接受国家环境保护主管部门的指导和监督。"军队有关部门在履行本条例规定的监督管理职责时，在保证军事机密的前提下，应接受国家环境保护主管部门的指导和监督。

二、根据《中华人民共和国环境保护法》、《中华人民共和国大气污染防治法》、《中华人民共和国水污染防治法》等法律规定，中央军委制定了《中国人民解放军环境保护条例》，中国人民解放军总后勤部制定了《军队企业环境保护管理办法》和《军队环境噪声污染防治规定》等一系列环境保护法规与规范性文件，对军队环境保护工作进行了明确规定。《中国人民解放军环境保护条例》第二十二条规定，对放射性物质必须严格管理，防止对环境的污染和破坏。这些规定都是军队在贯彻放射性物品运输安全管理工作时的依据。

第六十八条 本条例自 2010 年 1 月 1 日起施行。

【释义】本条是关于条例生效日期的规定。

法的生效日期是任何一部法律、法规都要涉及的，在其正式通过以后，就产生在什么时间内有效、在什么地域范围内有效、对什么人有效的问题。这些问题构成了法的效力的三个方面：时间效力、空间效力和对人效力。其中，法的生效日期是关于法的时间效力问题的规定。

法的时间效力分为何时开始生效、何时效力终止和有无溯及力三个问题。任何法律都必须规定开始生效的时间，施行日期是法律得以实施必不可少的条件。《中华人民共和国立法法》第五十一条明确要求："法律应当明确规定施行日期。"法律施行日期一般有两种主要表达方式：一是在条文中直接规定"本法自×年×月×日起施行"；二是在条文中不直接规定具体的生效日期，而是规定自公布之日起施行。本条例采用的是第一种方式，即直接规定自 2010 年 1 月 1 日起施行。本条例的公布时间是 2009 年 9 月 14 日，施行时间则为 2010 年 1 月 1 日，其间相隔了 3 个半月。之所以施行日期同公布日期有一定时间的间隔，主要考虑法律自身性质和实施法律应做的准备工作需要时间：一是条例所规定的一些制度与措施的实施还需要做一定的准备；二是需要加强相关各级管理部门及其相关工作人员对条例的学习和培训，为本条例的正式实施创造良好的条件；三是有关部门还需要大力开展法律的宣传教育工作，使相关单位和公众对该法能够了解、学习、掌握与遵守。2010 年 1 月 1 日本条例正式生效后，有关单位和个人都要严格遵守本条例，按照本条例的规定办事，有关部门尤其是主管部门要认真、严格地执行本条例，做守法、执法的模范，对于违反本条例的行为，主管部门要依法予以惩处，维护本条例的权威和尊严。

放射性物品运输安全管理条例

（2009 年 9 月 7 日国务院第 80 次常务会议通过　2009 年 9 月 14 日中华人民共和国国务院令第 562 号公布　自 2010 年 1 月 1 日起施行）

第一章　总　　则

第一条　为了加强对放射性物品运输的安全管理，保障人体健康，保护环境，促进核能、核技术的开发与和平利用，根据《中华人民共和国放射性污染防治法》，制定本条例。

第二条　放射性物品的运输和放射性物品运输容器的设计、制造等活动，适用本条例。

本条例所称放射性物品，是指含有放射性核素，并且其活度和比活度均高于国家规定的豁免值的物品。

第三条　根据放射性物品的特性及其对人体健康和环境的潜在危害程度，将放射性物品分为一类、二类和三类。

一类放射性物品，是指 I 类放射源、高水平放射性废物、乏燃料等释放到环境后对人体健康和环境产生重大辐射影响的放射性物品。

二类放射性物品，是指 II 类和 III 类放射源、中等水平放射性废物等释放到环境后对人体健康和环境产生一般辐射影响的放射性物品。

三类放射性物品，是指Ⅳ类和Ⅴ类放射源、低水平放射性废物、放射性药品等释放到环境后对人体健康和环境产生较小辐射影响的放射性物品。

放射性物品的具体分类和名录，由国务院核安全监管部门会同国务院公安、卫生、海关、交通运输、铁路、民航、核工业行业主管部门制定。

第四条 国务院核安全监管部门对放射性物品运输的核与辐射安全实施监督管理。

国务院公安、交通运输、铁路、民航等有关主管部门依照本条例规定和各自的职责，负责放射性物品运输安全的有关监督管理工作。

县级以上地方人民政府环境保护主管部门和公安、交通运输等有关主管部门，依照本条例规定和各自的职责，负责本行政区域放射性物品运输安全的有关监督管理工作。

第五条 运输放射性物品，应当使用专用的放射性物品运输包装容器（以下简称运输容器）。

放射性物品的运输和放射性物品运输容器的设计、制造，应当符合国家放射性物品运输安全标准。

国家放射性物品运输安全标准，由国务院核安全监管部门制定，由国务院核安全监管部门和国务院标准化主管部门联合发布。国务院核安全监管部门制定国家放射性物品运输安全标准，应当征求国务院公安、卫生、交通运输、铁路、民航、核工业行业主管部门的意见。

第六条　放射性物品运输容器的设计、制造单位应当建立健全责任制度，加强质量管理，并对所从事的放射性物品运输容器的设计、制造活动负责。

放射性物品的托运人（以下简称托运人）应当制定核与辐射事故应急方案，在放射性物品运输中采取有效的辐射防护和安全保卫措施，并对放射性物品运输中的核与辐射安全负责。

第七条　任何单位和个人对违反本条例规定的行为，有权向国务院核安全监管部门或者其他依法履行放射性物品运输安全监督管理职责的部门举报。

接到举报的部门应当依法调查处理，并为举报人保密。

第二章　放射性物品运输容器的设计

第八条　放射性物品运输容器设计单位应当建立健全和有效实施质量保证体系，按照国家放射性物品运输安全标准进行设计，并通过试验验证或者分析论证等方式，对设计的放射性物品运输容器的安全性能进行评价。

第九条　放射性物品运输容器设计单位应当建立健全档案制度，按照质量保证体系的要求，如实记录放射性物品运输容器的设计和安全性能评价过程。

进行一类放射性物品运输容器设计，应当编制设计安全评价报告书；进行二类放射性物品运输容器设计，应当编制设计安全评价报告表。

第十条　一类放射性物品运输容器的设计，应当在首次用于制造前报国务院核安全监管部门审查批准。

申请批准一类放射性物品运输容器的设计，设计单位应当向国务院核安全监管部门提出书面申请，并提交下列材料：

（一）设计总图及其设计说明书；

（二）设计安全评价报告书；

（三）质量保证大纲。

第十一条　国务院核安全监管部门应当自受理申请之日起45个工作日内完成审查，对符合国家放射性物品运输安全标准的，颁发一类放射性物品运输容器设计批准书，并公告批准文号；对不符合国家放射性物品运输安全标准的，书面通知申请单位并说明理由。

第十二条　设计单位修改已批准的一类放射性物品运输容器设计中有关安全内容的，应当按照原申请程序向国务院核安全监管部门重新申请领取一类放射性物品运输容器设计批准书。

第十三条　二类放射性物品运输容器的设计，设计单位应当在首次用于制造前，将设计总图及其设计说明书、设计安全评价报告表报国务院核安全监管部门备案。

第十四条　三类放射性物品运输容器的设计，设计单位应当编制设计符合国家放射性物品运输安全标准的证明文件并存档备查。

第三章　放射性物品运输容器的制造与使用

第十五条　放射性物品运输容器制造单位，应当按照设计要求和国家放射性物品运输安全标准，对制造的放射性物品运输容器进行质量检验，编制质量检验报告。

未经质量检验或者经检验不合格的放射性物品运输容器，不得交付使用。

第十六条　从事一类放射性物品运输容器制造活动的单位，应当具备下列条件：

（一）有与所从事的制造活动相适应的专业技术人员；

（二）有与所从事的制造活动相适应的生产条件和检测手段；

（三）有健全的管理制度和完善的质量保证体系。

第十七条　从事一类放射性物品运输容器制造活动的单位，应当申请领取一类放射性物品运输容器制造许可证（以下简称制造许可证）。

申请领取制造许可证的单位，应当向国务院核安全监管部门提出书面申请，并提交其符合本条例第十六条规定条件的证明材料和申请制造的运输容器型号。

禁止无制造许可证或者超出制造许可证规定的范围从事一类放射性物品运输容器的制造活动。

第十八条　国务院核安全监管部门应当自受理申请之日起45个工作日内完成审查，对符合条件的，颁发制造许可证，并予以公告；对不符合条件的，书面通知申请单位并说明理由。

第十九条　制造许可证应当载明下列内容：

（一）制造单位名称、住所和法定代表人；

（二）许可制造的运输容器的型号；

（三）有效期限；

（四）发证机关、发证日期和证书编号。

第二十条　一类放射性物品运输容器制造单位变更单位名称、住所或者法定代表人的，应当自工商变更登记之日起20日内，向国务院核安全监管部门办理制造许可证变更手续。

一类放射性物品运输容器制造单位变更制造的运输容器型号的，应当按照原申请程序向国务院核安全监管部门重新申请领取制造许可证。

第二十一条　制造许可证有效期为5年。

制造许可证有效期届满，需要延续的，一类放射性物品运输容器制造单位应当于制造许可证有效期届满6个月前，向国务院核安全监管部门提出延续申请。

国务院核安全监管部门应当在制造许可证有效期届满前作出是否准予延续的决定。

第二十二条　从事二类放射性物品运输容器制造活动的单位，应当在首次制造活动开始30日前，将其具备与所从事的制造活动相适应的专业技术人员、生产条件、检测手段，以及具有健全的管理制度和完善的质量保证体系的证明材料，报国务院核安全监管部门备案。

第二十三条　一类、二类放射性物品运输容器制造单位，应当按照国务院核安全监管部门制定的编码规则，对其制造的一类、二类放射性物品运输容器统一编码，并于每年

1月31日前将上一年度的运输容器编码清单报国务院核安全监管部门备案。

第二十四条 从事三类放射性物品运输容器制造活动的单位，应当于每年1月31日前将上一年度制造的运输容器的型号和数量报国务院核安全监管部门备案。

第二十五条 放射性物品运输容器使用单位应当对其使用的放射性物品运输容器定期进行保养和维护，并建立保养和维护档案；放射性物品运输容器达到设计使用年限，或者发现放射性物品运输容器存在安全隐患的，应当停止使用，进行处理。

一类放射性物品运输容器使用单位还应当对其使用的一类放射性物品运输容器每两年进行一次安全性能评价，并将评价结果报国务院核安全监管部门备案。

第二十六条 使用境外单位制造的一类放射性物品运输容器的，应当在首次使用前报国务院核安全监管部门审查批准。

申请使用境外单位制造的一类放射性物品运输容器的单位，应当向国务院核安全监管部门提出书面申请，并提交下列材料：

（一）设计单位所在国核安全监管部门颁发的设计批准文件的复印件；

（二）设计安全评价报告书；

（三）制造单位相关业绩的证明材料；

（四）质量合格证明；

（五）符合中华人民共和国法律、行政法规规定，以及国家放射性物品运输安全标准或者经国务院核安全监管部门认可的标准的说明材料。

国务院核安全监管部门应当自受理申请之日起 45 个工作日内完成审查，对符合国家放射性物品运输安全标准的，颁发使用批准书；对不符合国家放射性物品运输安全标准的，书面通知申请单位并说明理由。

第二十七条　使用境外单位制造的二类放射性物品运输容器的，应当在首次使用前将运输容器质量合格证明和符合中华人民共和国法律、行政法规规定，以及国家放射性物品运输安全标准或者经国务院核安全监管部门认可的标准的说明材料，报国务院核安全监管部门备案。

第二十八条　国务院核安全监管部门办理使用境外单位制造的一类、二类放射性物品运输容器审查批准和备案手续，应当同时为运输容器确定编码。

第四章　放射性物品的运输

第二十九条　托运放射性物品的，托运人应当持有生产、销售、使用或者处置放射性物品的有效证明，使用与所托运的放射性物品类别相适应的运输容器进行包装，配备必要的辐射监测设备、防护用品和防盗、防破坏设备，并编制运输说明书、核与辐射事故应急响应指南、装卸作业方法、安全防护指南。

运输说明书应当包括放射性物品的品名、数量、物理化学形态、危害风险等内容。

第三十条　托运一类放射性物品的，托运人应当委托有资质的辐射监测机构对其表面污染和辐射水平实施监测，辐射监测机构应当出具辐射监测报告。

托运二类、三类放射性物品的，托运人应当对其表面污染和辐射水平实施监测，并编制辐射监测报告。

监测结果不符合国家放射性物品运输安全标准的，不得托运。

第三十一条　承运放射性物品应当取得国家规定的运输资质。承运人的资质管理，依照有关法律、行政法规和国务院交通运输、铁路、民航、邮政主管部门的规定执行。

第三十二条　托运人和承运人应当对直接从事放射性物品运输的工作人员进行运输安全和应急响应知识的培训，并进行考核；考核不合格的，不得从事相关工作。

托运人和承运人应当按照国家放射性物品运输安全标准和国家有关规定，在放射性物品运输容器和运输工具上设置警示标志。

国家利用卫星定位系统对一类、二类放射性物品运输工具的运输过程实行在线监控。具体办法由国务院核安全监管部门会同国务院有关部门制定。

第三十三条　托运人和承运人应当按照国家职业病防治的有关规定，对直接从事放射性物品运输的工作人员进行个人剂量监测，建立个人剂量档案和职业健康监护档案。

第三十四条　托运人应当向承运人提交运输说明书、辐射监测报告、核与辐射事故应急响应指南、装卸作业方法、安全防护指南，承运人应当查验、收存。托运人提交文件不齐全的，承运人不得承运。

第三十五条 托运一类放射性物品的，托运人应当编制放射性物品运输的核与辐射安全分析报告书，报国务院核安全监管部门审查批准。

放射性物品运输的核与辐射安全分析报告书应当包括放射性物品的品名、数量、运输容器型号、运输方式、辐射防护措施、应急措施等内容。

国务院核安全监管部门应当自受理申请之日起45个工作日内完成审查，对符合国家放射性物品运输安全标准的，颁发核与辐射安全分析报告批准书；对不符合国家放射性物品运输安全标准的，书面通知申请单位并说明理由。

第三十六条 放射性物品运输的核与辐射安全分析报告批准书应当载明下列主要内容：

（一）托运人的名称、地址、法定代表人；

（二）运输放射性物品的品名、数量；

（三）运输放射性物品的运输容器型号和运输方式；

（四）批准日期和有效期限。

第三十七条 一类放射性物品启运前，托运人应当将放射性物品运输的核与辐射安全分析报告批准书、辐射监测报告，报启运地的省、自治区、直辖市人民政府环境保护主管部门备案。

收到备案材料的环境保护主管部门应当及时将有关情况

通报放射性物品运输的途经地和抵达地的省、自治区、直辖市人民政府环境保护主管部门。

第三十八条　通过道路运输放射性物品的，应当经公安机关批准，按照指定的时间、路线、速度行驶，并悬挂警示标志，配备押运人员，使放射性物品处于押运人员的监管之下。

通过道路运输核反应堆乏燃料的，托运人应当报国务院公安部门批准。通过道路运输其他放射性物品的，托运人应当报启运地县级以上人民政府公安机关批准。具体办法由国务院公安部门商国务院核安全监管部门制定。

第三十九条　通过水路运输放射性物品的，按照水路危险货物运输的法律、行政法规和规章的有关规定执行。

通过铁路、航空运输放射性物品的，按照国务院铁路、民航主管部门的有关规定执行。

禁止邮寄一类、二类放射性物品。邮寄三类放射性物品的，按照国务院邮政管理部门的有关规定执行。

第四十条　生产、销售、使用或者处置放射性物品的单位，可以依照《中华人民共和国道路运输条例》的规定，向设区的市级人民政府道路运输管理机构申请非营业性道路危险货物运输资质，运输本单位的放射性物品，并承担本条例规定的托运人和承运人的义务。

申请放射性物品非营业性道路危险货物运输资质的单位，应当具备下列条件：

（一）持有生产、销售、使用或者处置放射性物品的有效证明；

（二）有符合本条例规定要求的放射性物品运输容器；

（三）有具备辐射防护与安全防护知识的专业技术人员和经考试合格的驾驶人员；

（四）有符合放射性物品运输安全防护要求，并经检测合格的运输工具、设施和设备；

（五）配备必要的防护用品和依法经定期检定合格的监测仪器；

（六）有运输安全和辐射防护管理规章制度以及核与辐射事故应急措施。

放射性物品非营业性道路危险货物运输资质的具体条件，由国务院交通运输主管部门会同国务院核安全监管部门制定。

第四十一条　一类放射性物品从境外运抵中华人民共和国境内，或者途经中华人民共和国境内运输的，托运人应当编制放射性物品运输的核与辐射安全分析报告书，报国务院核安全监管部门审查批准。审查批准程序依照本条例第三十五条第三款的规定执行。

二类、三类放射性物品从境外运抵中华人民共和国境内，或者途经中华人民共和国境内运输的，托运人应当编制放射性物品运输的辐射监测报告，报国务院核安全监管部门备案。

托运人、承运人或者其代理人向海关办理有关手续，应当提交国务院核安全监管部门颁发的放射性物品运输的核与辐射安全分析报告批准书或者放射性物品运输的辐射监测报告备案证明。

第四十二条 县级以上人民政府组织编制的突发环境事件应急预案，应当包括放射性物品运输中可能发生的核与辐射事故应急响应的内容。

第四十三条 放射性物品运输中发生核与辐射事故的，承运人、托运人应当按照核与辐射事故应急响应指南的要求，做好事故应急工作，并立即报告事故发生地的县级以上人民政府环境保护主管部门。接到报告的环境保护主管部门应当立即派人赶赴现场，进行现场调查，采取有效措施控制事故影响，并及时向本级人民政府报告，通报同级公安、卫生、交通运输等有关主管部门。

接到报告的县级以上人民政府及其有关主管部门应当按照应急预案做好应急工作，并按照国家突发事件分级报告的规定及时上报核与辐射事故信息。

核反应堆乏燃料运输的核事故应急准备与响应，还应当遵守国家核应急的有关规定。

第五章 监督检查

第四十四条 国务院核安全监管部门和其他依法履行放射性物品运输安全监督管理职责的部门，应当依据各自职责对放射性物品运输安全实施监督检查。

国务院核安全监管部门应当将其已批准或者备案的一类、二类、三类放射性物品运输容器的设计、制造情况和放射性物品运输情况通报设计、制造单位所在地和运输途经地的省、自治区、直辖市人民政府环境保护主管部门。省、自治区、直辖市人民政府环境保护主管部门应当加强对本行政区域放射性物品运输安全的监督检查和监督性监测。

被检查单位应当予以配合，如实反映情况，提供必要的资料，不得拒绝和阻碍。

第四十五条　国务院核安全监管部门和省、自治区、直辖市人民政府环境保护主管部门以及其他依法履行放射性物品运输安全监督管理职责的部门进行监督检查，监督检查人员不得少于2人，并应当出示有效的行政执法证件。

国务院核安全监管部门和省、自治区、直辖市人民政府环境保护主管部门以及其他依法履行放射性物品运输安全监督管理职责的部门的工作人员，对监督检查中知悉的商业秘密负有保密义务。

第四十六条　监督检查中发现经批准的一类放射性物品运输容器设计确有重大设计安全缺陷的，由国务院核安全监管部门责令停止该型号运输容器的制造或者使用，撤销一类放射性物品运输容器设计批准书。

第四十七条　监督检查中发现放射性物品运输活动有不符合国家放射性物品运输安全标准情形的，或者一类放射性物品运输容器制造单位有不符合制造许可证规定条件情形的，应当责令限期整改；发现放射性物品运输活动可能对人体健康和环境造成核与辐射危害的，应当责令停止运输。

第四十八条　国务院核安全监管部门和省、自治区、直辖市人民政府环境保护主管部门以及其他依法履行放射性物品运输安全监督管理职责的部门，对放射性物品运输活动实施监测，不得收取监测费用。

国务院核安全监管部门和省、自治区、直辖市人民政府环境保护主管部门以及其他依法履行放射性物品运输安全监督管理职责的部门，应当加强对监督管理人员辐射防护与安全防护知识的培训。

第六章　法律责任

第四十九条　国务院核安全监管部门和省、自治区、直辖市人民政府环境保护主管部门或者其他依法履行放射性物品运输安全监督管理职责的部门有下列行为之一的，对直接负责的主管人员和其他直接责任人员依法给予处分；直接负责的主管人员和其他直接责任人员构成犯罪的，依法追究刑事责任：

（一）未依照本条例规定作出行政许可或者办理批准文件的；

（二）发现违反本条例规定的行为不予查处，或者接到举报不依法处理的；

（三）未依法履行放射性物品运输核与辐射事故应急职责的；

（四）对放射性物品运输活动实施监测收取监测费用的；

（五）其他不依法履行监督管理职责的行为。

第五十条　放射性物品运输容器设计、制造单位有下列行为之一的，由国务院核安全监管部门责令停止违法行为，处 50 万元以上 100 万元以下的罚款；有违法所得的，没收违法所得：

（一）将未取得设计批准书的一类放射性物品运输容器设计用于制造的；

（二）修改已批准的一类放射性物品运输容器设计中有关安全内容，未重新取得设计批准书即用于制造的。

第五十一条　放射性物品运输容器设计、制造单位有下列行为之一的，由国务院核安全监管部门责令停止违法行为，处 5 万元以上 10 万元以下的罚款；有违法所得的，没收违法所得：

（一）将不符合国家放射性物品运输安全标准的二类、三类放射性物品运输容器设计用于制造的；

（二）将未备案的二类放射性物品运输容器设计用于制造的。

第五十二条　放射性物品运输容器设计单位有下列行为之一的，由国务院核安全监管部门责令限期改正；逾期不改正的，处 1 万元以上 5 万元以下的罚款：

（一）未对二类、三类放射性物品运输容器的设计进行安全性能评价的；

（二）未如实记录二类、三类放射性物品运输容器设计和安全性能评价过程的；

（三）未编制三类放射性物品运输容器设计符合国家放

射性物品运输安全标准的证明文件并存档备查的。

第五十三条　放射性物品运输容器制造单位有下列行为之一的，由国务院核安全监管部门责令停止违法行为，处50万元以上100万元以下的罚款；有违法所得的，没收违法所得：

（一）未取得制造许可证从事一类放射性物品运输容器制造活动的；

（二）制造许可证有效期届满，未按照规定办理延续手续，继续从事一类放射性物品运输容器制造活动的；

（三）超出制造许可证规定的范围从事一类放射性物品运输容器制造活动的；

（四）变更制造的一类放射性物品运输容器型号，未按照规定重新领取制造许可证的；

（五）将未经质量检验或者经检验不合格的一类放射性物品运输容器交付使用的。

有前款第（三）项、第（四）项和第（五）项行为之一，情节严重的，吊销制造许可证。

第五十四条　一类放射性物品运输容器制造单位变更单位名称、住所或者法定代表人，未依法办理制造许可证变更手续的，由国务院核安全监管部门责令限期改正；逾期不改正的，处2万元的罚款。

第五十五条　放射性物品运输容器制造单位有下列行为之一的，由国务院核安全监管部门责令停止违法行为，处5万元以上10万元以下的罚款；有违法所得的，没收违法所得：

（一）在二类放射性物品运输容器首次制造活动开始前，未按照规定将有关证明材料报国务院核安全监管部门备案的；

（二）将未经质量检验或者经检验不合格的二类、三类放射性物品运输容器交付使用的。

第五十六条 放射性物品运输容器制造单位有下列行为之一的，由国务院核安全监管部门责令限期改正；逾期不改正的，处 1 万元以上 5 万元以下的罚款：

（一）未按照规定对制造的一类、二类放射性物品运输容器统一编码的；

（二）未按照规定将制造的一类、二类放射性物品运输容器编码清单报国务院核安全监管部门备案的；

（三）未按照规定将制造的三类放射性物品运输容器的型号和数量报国务院核安全监管部门备案的。

第五十七条 放射性物品运输容器使用单位未按照规定对使用的一类放射性物品运输容器进行安全性能评价，或者未将评价结果报国务院核安全监管部门备案的，由国务院核安全监管部门责令限期改正；逾期不改正的，处 1 万元以上 5 万元以下的罚款。

第五十八条 未按照规定取得使用批准书使用境外单位制造的一类放射性物品运输容器的，由国务院核安全监管部门责令停止违法行为，处 50 万元以上 100 万元以下的罚款。

未按照规定办理备案手续使用境外单位制造的二类放射性物品运输容器的，由国务院核安全监管部门责令停止违法行为，处 5 万元以上 10 万元以下的罚款。

第五十九条　托运人未按照规定编制放射性物品运输说明书、核与辐射事故应急响应指南、装卸作业方法、安全防护指南的，由国务院核安全监管部门责令限期改正；逾期不改正的，处 1 万元以上 5 万元以下的罚款。

托运人未按照规定将放射性物品运输的核与辐射安全分析报告批准书、辐射监测报告备案的，由启运地的省、自治区、直辖市人民政府环境保护主管部门责令限期改正；逾期不改正的，处 1 万元以上 5 万元以下的罚款。

第六十条　托运人或者承运人在放射性物品运输活动中，有违反有关法律、行政法规关于危险货物运输管理规定行为的，由交通运输、铁路、民航等有关主管部门依法予以处罚。

违反有关法律、行政法规规定邮寄放射性物品的，由公安机关和邮政管理部门依法予以处罚。在邮寄进境物品中发现放射性物品的，由海关依照有关法律、行政法规的规定处理。

第六十一条　托运人未取得放射性物品运输的核与辐射安全分析报告批准书托运一类放射性物品的，由国务院核安全监管部门责令停止违法行为，处 50 万元以上 100 万元以下的罚款。

第六十二条　通过道路运输放射性物品，有下列行为之一的，由公安机关责令限期改正，处 2 万元以上 10 万元以下的罚款；构成犯罪的，依法追究刑事责任：

（一）未经公安机关批准通过道路运输放射性物品的；

（二）运输车辆未按照指定的时间、路线、速度行驶或者未悬挂警示标志的；

（三）未配备押运人员或者放射性物品脱离押运人员监管的。

第六十三条　托运人有下列行为之一的，由启运地的省、自治区、直辖市人民政府环境保护主管部门责令停止违法行为，处 5 万元以上 20 万元以下的罚款：

（一）未按照规定对托运的放射性物品表面污染和辐射水平实施监测的；

（二）将经监测不符合国家放射性物品运输安全标准的放射性物品交付托运的；

（三）出具虚假辐射监测报告的。

第六十四条　未取得放射性物品运输的核与辐射安全分析报告批准书或者放射性物品运输的辐射监测报告备案证明，将境外的放射性物品运抵中华人民共和国境内，或者途经中华人民共和国境内运输的，由海关责令托运人退运该放射性物品，并依照海关法律、行政法规给予处罚；构成犯罪的，依法追究刑事责任。托运人不明的，由承运人承担退运该放射性物品的责任，或者承担该放射性物品的处置费用。

第六十五条　违反本条例规定，在放射性物品运输中造成核与辐射事故的，由县级以上地方人民政府环境保护主管部门处以罚款，罚款数额按照核与辐射事故造成的直接损失的 20% 计算；构成犯罪的，依法追究刑事责任。

　　托运人、承运人未按照核与辐射事故应急响应指南的要求，做好事故应急工作并报告事故的，由县级以上地方人民政府环境保护主管部门处5万元以上20万元以下的罚款。

　　因核与辐射事故造成他人损害的，依法承担民事责任。

　　第六十六条　拒绝、阻碍国务院核安全监管部门或者其他依法履行放射性物品运输安全监督管理职责的部门进行监督检查，或者在接受监督检查时弄虚作假的，由监督检查部门责令改正，处1万元以上2万元以下的罚款；构成违反治安管理行为的，由公安机关依法给予治安管理处罚；构成犯罪的，依法追究刑事责任。

第七章　附　　则

　　第六十七条　军用放射性物品运输安全的监督管理，依照《中华人民共和国放射性污染防治法》第六十条的规定执行。

　　第六十八条　本条例自2010年1月1日起施行。

中华人民共和国放射性污染防治法

（2003 年 6 月 28 日第十届全国人民代表大会常务委员会第三次会议通过　2003 年 6 月 28 日中华人民共和国主席令第 6 号公布　自 2003 年 10 月 1 日起施行）

目　　录

第一章　总　　则

第一条　为了防治放射性污染，保护环境，保障人体健康，促进核能、核技术的开发与和平利用，制定本法。

第二条　本法适用于中华人民共和国领域和管辖的其他

海域在核设施选址、建造、运行、退役和核技术、铀（钍）矿、伴生放射性矿开发利用过程中发生的放射性污染的防治活动。

第三条　国家对放射性污染的防治，实行预防为主、防治结合、严格管理、安全第一的方针。

第四条　国家鼓励、支持放射性污染防治的科学研究和技术开发利用，推广先进的放射性污染防治技术。

国家支持开展放射性污染防治的国际交流与合作。

第五条　县级以上人民政府应当将放射性污染防治工作纳入环境保护规划。

县级以上人民政府应当组织开展有针对性的放射性污染防治宣传教育，使公众了解放射性污染防治的有关情况和科学知识。

第六条　任何单位和个人有权对造成放射性污染的行为提出检举和控告。

第七条　在放射性污染防治工作中作出显著成绩的单位和个人，由县级以上人民政府给予奖励。

第八条　国务院环境保护行政主管部门对全国放射性污染防治工作依法实施统一监督管理。

国务院卫生行政部门和其他有关部门依据国务院规定的职责，对有关的放射性污染防治工作依法实施监督管理。

第二章　放射性污染防治的监督管理

第九条　国家放射性污染防治标准由国务院环境保护行

政主管部门根据环境安全要求、国家经济技术条件制定。国家放射性污染防治标准由国务院环境保护行政主管部门和国务院标准化行政主管部门联合发布。

第十条　国家建立放射性污染监测制度。国务院环境保护行政主管部门会同国务院其他有关部门组织环境监测网络，对放射性污染实施监测管理。

第十一条　国务院环境保护行政主管部门和国务院其他有关部门，按照职责分工，各负其责，互通信息，密切配合，对核设施、铀（钍）矿开发利用中的放射性污染防治进行监督检查。

县级以上地方人民政府环境保护行政主管部门和同级其他有关部门，按照职责分工，各负其责，互通信息，密切配合，对本行政区域内核技术利用、伴生放射性矿开发利用中的放射性污染防治进行监督检查。

监督检查人员进行现场检查时，应当出示证件。被检查的单位必须如实反映情况，提供必要的资料。监督检查人员应当为被检查单位保守技术秘密和业务秘密。对涉及国家秘密的单位和部位进行检查时，应当遵守国家有关保守国家秘密的规定，依法办理有关审批手续。

第十二条　核设施营运单位、核技术利用单位、铀（钍）矿和伴生放射性矿开发利用单位，负责本单位放射性污染的防治，接受环境保护行政主管部门和其他有关部门的监督管理，并依法对其造成的放射性污染承担责任。

第十三条　核设施营运单位、核技术利用单位、铀

（钍）矿和伴生放射性矿开发利用单位，必须采取安全与防护措施，预防发生可能导致放射性污染的各类事故，避免放射性污染危害。

核设施营运单位、核技术利用单位、铀（钍）矿和伴生放射性矿开发利用单位，应当对其工作人员进行放射性安全教育、培训，采取有效的防护安全措施。

第十四条　国家对从事放射性污染防治的专业人员实行资格管理制度；对从事放射性污染监测工作的机构实行资质管理制度。

第十五条　运输放射性物质和含放射源的射线装置，应当采取有效措施，防止放射性污染。具体办法由国务院规定。

第十六条　放射性物质和射线装置应当设置明显的放射性标识和中文警示说明。生产、销售、使用、贮存、处置放射性物质和射线装置的场所，以及运输放射性物质和含放射源的射线装置的工具，应当设置明显的放射性标志。

第十七条　含有放射性物质的产品，应当符合国家放射性污染防治标准；不符合国家放射性污染防治标准的，不得出厂和销售。

使用伴生放射性矿渣和含有天然放射性物质的石材做建筑和装修材料，应当符合国家建筑材料放射性核素控制标准。

第三章　核设施的放射性污染防治

第十八条　核设施选址，应当进行科学论证，并按照国家有关规定办理审批手续。在办理核设施选址审批手续前，应当编制环境影响报告书，报国务院环境保护行政主管部门审查批准；未经批准，有关部门不得办理核设施选址批准文件。

第十九条　核设施营运单位在进行核设施建造、装料、运行、退役等活动前，必须按照国务院有关核设施安全监督管理的规定，申请领取核设施建造、运行许可证和办理装料、退役等审批手续。

核设施营运单位领取有关许可证或者批准文件后，方可进行相应的建造、装料、运行、退役等活动。

第二十条　核设施营运单位应当在申请领取核设施建造、运行许可证和办理退役审批手续前编制环境影响报告书，报国务院环境保护行政主管部门审查批准；未经批准，有关部门不得颁发许可证和办理批准文件。

第二十一条　与核设施相配套的放射性污染防治设施，应当与主体工程同时设计、同时施工、同时投入使用。

放射性污染防治设施应当与主体工程同时验收；验收合格的，主体工程方可投入生产或者使用。

第二十二条　进口核设施，应当符合国家放射性污染防治标准；没有相应的国家放射性污染防治标准的，采用国务院环境保护行政主管部门指定的国外有关标准。

第二十三条　核动力厂等重要核设施外围地区应当划定规划限制区。规划限制区的划定和管理办法，由国务院规定。

第二十四条　核设施营运单位应当对核设施周围环境中所含的放射性核素的种类、浓度以及核设施流出物中的放射性核素总量实施监测，并定期向国务院环境保护行政主管部门和所在地省、自治区、直辖市人民政府环境保护行政主管部门报告监测结果。

国务院环境保护行政主管部门负责对核动力厂等重要核设施实施监督性监测，并根据需要对其他核设施的流出物实施监测。监督性监测系统的建设、运行和维护费用由财政预算安排。

第二十五条　核设施营运单位应当建立健全安全保卫制度，加强安全保卫工作，并接受公安部门的监督指导。

核设施营运单位应当按照核设施的规模和性质制定核事故场内应急计划，做好应急准备。

出现核事故应急状态时，核设施营运单位必须立即采取有效的应急措施控制事故，并向核设施主管部门和环境保护行政主管部门、卫生行政部门、公安部门以及其他有关部门报告。

第二十六条　国家建立健全核事故应急制度。

核设施主管部门、环境保护行政主管部门、卫生行政部门、公安部门以及其他有关部门，在本级人民政府的组织领导下，按照各自的职责依法做好核事故应急工作。

中国人民解放军和中国人民武装警察部队按照国务院、中央军事委员会的有关规定在核事故应急中实施有效的支援。

第二十七条　核设施营运单位应当制定核设施退役计划。

核设施的退役费用和放射性废物处置费用应当预提，列入投资概算或者生产成本。核设施的退役费用和放射性废物处置费用的提取和管理办法，由国务院财政部门、价格主管部门会同国务院环境保护行政主管部门、核设施主管部门规定。

第四章　核技术利用的放射性污染防治

第二十八条　生产、销售、使用放射性同位素和射线装置的单位，应当按照国务院有关放射性同位素与射线装置放射防护的规定申请领取许可证，办理登记手续。

转让、进口放射性同位素和射线装置的单位以及装备有放射性同位素的仪表的单位，应当按照国务院有关放射性同位素与射线装置放射防护的规定办理有关手续。

第二十九条　生产、销售、使用放射性同位素和加速器、中子发生器以及含放射源的射线装置的单位，应当在申请领取许可证前编制环境影响评价文件，报省、自治区、直辖市人民政府环境保护行政主管部门审查批准；未经批准，有关部门不得颁发许可证。

国家建立放射性同位素备案制度。具体办法由国务院规定。

第三十条　新建、改建、扩建放射工作场所的放射防护设施，应当与主体工程同时设计、同时施工、同时投入使用。

放射防护设施应当与主体工程同时验收；验收合格的，主体工程方可投入生产或者使用。

第三十一条 放射性同位素应当单独存放，不得与易燃、易爆、腐蚀性物品等一起存放，其贮存场所应当采取有效的防火、防盗、防射线泄漏的安全防护措施，并指定专人负责保管。贮存、领取、使用、归还放射性同位素时，应当进行登记、检查，做到账物相符。

第三十二条 生产、使用放射性同位素和射线装置的单位，应当按照国务院环境保护行政主管部门的规定对其产生的放射性废物进行收集、包装、贮存。

生产放射源的单位，应当按照国务院环境保护行政主管部门的规定回收和利用废旧放射源；使用放射源的单位，应当按照国务院环境保护行政主管部门的规定将废旧放射源交回生产放射源的单位或者送交专门从事放射性固体废物贮存、处置的单位。

第三十三条 生产、销售、使用、贮存放射源的单位，应当建立健全安全保卫制度，指定专人负责，落实安全责任制，制定必要的事故应急措施。发生放射源丢失、被盗和放射性污染事故时，有关单位和个人必须立即采取应急措施，并向公安部门、卫生行政部门和环境保护行政主管部门报告。

公安部门、卫生行政部门和环境保护行政主管部门接到放射源丢失、被盗和放射性污染事故报告后，应当报告本级人民政府，并按照各自的职责立即组织采取有效措施，防止放射性污染蔓延，减少事故损失。当地人民政府应当及时将有关情况告知公众，并做好事故的调查、处理工作。

第五章　铀（钍）矿和伴生放射性矿开发利用的放射性污染防治

第三十四条　开发利用或者关闭铀（钍）矿的单位，应当在申请领取采矿许可证或者办理退役审批手续前编制环境影响报告书，报国务院环境保护行政主管部门审查批准。

开发利用伴生放射性矿的单位，应当在申请领取采矿许可证前编制环境影响报告书，报省级以上人民政府环境保护行政主管部门审查批准。

第三十五条　与铀（钍）矿和伴生放射性矿开发利用建设项目相配套的放射性污染防治设施，应当与主体工程同时设计、同时施工、同时投入使用。

放射性污染防治设施应当与主体工程同时验收；验收合格的，主体工程方可投入生产或者使用。

第三十六条　铀（钍）矿开发利用单位应当对铀（钍）矿的流出物和周围的环境实施监测，并定期向国务院环境保护行政主管部门和所在地省、自治区、直辖市人民政府环境保护行政主管部门报告监测结果。

第三十七条　对铀（钍）矿和伴生放射性矿开发利用过程中产生的尾矿，应当建造尾矿库进行贮存、处置；建造的尾矿库应当符合放射性污染防治的要求。

第三十八条　铀（钍）矿开发利用单位应当制定铀

（钍）矿退役计划。铀矿退役费用由国家财政预算安排。

第六章　放射性废物管理

第三十九条　核设施营运单位、核技术利用单位、铀（钍）矿和伴生放射性矿开发利用单位，应当合理选择和利用原材料，采用先进的生产工艺和设备，尽量减少放射性废物的产生量。

第四十条　向环境排放放射性废气、废液，必须符合国家放射性污染防治标准。

第四十一条　产生放射性废气、废液的单位向环境排放符合国家放射性污染防治标准的放射性废气、废液，应当向审批环境影响评价文件的环境保护行政主管部门申请放射性核素排放量，并定期报告排放计量结果。

第四十二条　产生放射性废液的单位，必须按照国家放射性污染防治标准的要求，对不得向环境排放的放射性废液进行处理或者贮存。

产生放射性废液的单位，向环境排放符合国家放射性污染防治标准的放射性废液，必须采用符合国务院环境保护行政主管部门规定的排放方式。

禁止利用渗井、渗坑、天然裂隙、溶洞或者国家禁止的其他方式排放放射性废液。

第四十三条　低、中水平放射性固体废物在符合国家规定的区域实行近地表处置。

高水平放射性固体废物实行集中的深地质处置。

α放射性固体废物依照前款规定处置。

禁止在内河水域和海洋上处置放射性固体废物。

第四十四条 国务院核设施主管部门会同国务院环境保护行政主管部门根据地质条件和放射性固体废物处置的需要，在环境影响评价的基础上编制放射性固体废物处置场所选址规划，报国务院批准后实施。

有关地方人民政府应当根据放射性固体废物处置场所选址规划，提供放射性固体废物处置场所的建设用地，并采取有效措施支持放射性固体废物的处置。

第四十五条 产生放射性固体废物的单位，应当按照国务院环境保护行政主管部门的规定，对其产生的放射性固体废物进行处理后，送交放射性固体废物处置单位处置，并承担处置费用。

放射性固体废物处置费用收取和使用管理办法，由国务院财政部门、价格主管部门会同国务院环境保护行政主管部门规定。

第四十六条 设立专门从事放射性固体废物贮存、处置的单位，必须经国务院环境保护行政主管部门审查批准，取得许可证。具体办法由国务院规定。

禁止未经许可或者不按照许可的有关规定从事贮存和处置放射性固体废物的活动。

禁止将放射性固体废物提供或者委托给无许可证的单位贮存和处置。

第四十七条 禁止将放射性废物和被放射性污染的物品

输入中华人民共和国境内或者经中华人民共和国境内转移。

第七章　法　律　责　任

第四十八条　放射性污染防治监督管理人员违反法律规定，利用职务上的便利收受他人财物、谋取其他利益，或者玩忽职守，有下列行为之一的，依法给予行政处分；构成犯罪的，依法追究刑事责任：

（一）对不符合法定条件的单位颁发许可证和办理批准文件的；

（二）不依法履行监督管理职责的；

（三）发现违法行为不予查处的。

·　**第四十九条**　违反本法规定，有下列行为之一的，由县级以上人民政府环境保护行政主管部门或者其他有关部门依据职权责令限期改正，可以处2万元以下罚款：

（一）不按照规定报告有关环境监测结果的；

（二）拒绝环境保护行政主管部门和其他有关部门进行现场检查，或者被检查时不如实反映情况和提供必要资料的。

第五十条　违反本法规定，未编制环境影响评价文件，或者环境影响评价文件未经环境保护行政主管部门批准，擅自进行建造、运行、生产和使用等活动的，由审批环境影响评价文件的环境保护行政主管部门责令停止违法行为，限期补办手续或者恢复原状，并处1万元以上20万元以下罚款。

第五十一条　违反本法规定，未建造放射性污染防治设施、放射防护设施，或者防治防护设施未经验收合格，主体工程即投入生产或者使用的，由审批环境影响评价文件的环境保护行政主管部门责令停止违法行为，限期改正，并处5万元以上20万元以下罚款。

第五十二条 违反本法规定，未经许可或者批准，核设施营运单位擅自进行核设施的建造、装料、运行、退役等活动的，由国务院环境保护行政主管部门责令停止违法行为，限期改正，并处20万元以上50万元以下罚款；构成犯罪的，依法追究刑事责任。

第五十三条 违反本法规定，生产、销售、使用、转让、进口、贮存放射性同位素和射线装置以及装备有放射性同位素的仪表的，由县级以上人民政府环境保护行政主管部门或者其他有关部门依据职权责令停止违法行为，限期改正；逾期不改正的，责令停产停业或者吊销许可证；有违法所得的，没收违法所得；违法所得10万元以上的，并处违法所得一倍以上五倍以下罚款；没有违法所得或者违法所得不足10万元的，并处1万元以上10万元以下罚款；构成犯罪的，依法追究刑事责任。

第五十四条 违反本法规定，有下列行为之一的，由县级以上人民政府环境保护行政主管部门责令停止违法行为，限期改正，处以罚款；构成犯罪的，依法追究刑事责任：

（一）未建造尾矿库或者不按照放射性污染防治的要求建造尾矿库，贮存、处置铀（钍）矿和伴生放射性矿的尾矿的；

（二）向环境排放不得排放的放射性废气、废液的；

（三）不按照规定的方式排放放射性废液，利用渗井、渗坑、天然裂隙、溶洞或者国家禁止的其他方式排放放射性废液的；

（四）不按照规定处理或者贮存不得向环境排放的放射性废液的；

（五）将放射性固体废物提供或者委托给无许可证的单位贮存和处置的。

有前款第（一）项、第（二）项、第（三）项、第（五）项行为之一的，处 10 万元以上 20 万元以下罚款；有前款第（四）项行为的，处 1 万元以上 10 万元以下罚款。

第五十五条　违反本法规定，有下列行为之一的，由县级以上人民政府环境保护行政主管部门或者其他有关部门依据职权责令限期改正；逾期不改正的，责令停产停业，并处 2 万元以上 10 万元以下罚款；构成犯罪的，依法追究刑事责任：

（一）不按照规定设置放射性标识、标志、中文警示说明的；

（二）不按照规定建立健全安全保卫制度和制定事故应急计划或者应急措施的；

（三）不按照规定报告放射源丢失、被盗情况或者放射性污染事故的。

第五十六条　产生放射性固体废物的单位，不按照本法第四十五条的规定对其产生的放射性固体废物进行处置的，

由审批该单位立项环境影响评价文件的环境保护行政主管部门责令停止违法行为，限期改正；逾期不改正的，指定有处置能力的单位代为处置，所需费用由产生放射性固体废物的单位承担，可以并处 20 万元以下罚款；构成犯罪的，依法追究刑事责任。

第五十七条　违反本法规定，有下列行为之一的，由省级以上人民政府环境保护行政主管部门责令停产停业或者吊销许可证；有违法所得的，没收违法所得；违法所得 10 万元以上的，并处违法所得一倍以上五倍以下罚款；没有违法所得或者违法所得不足十万元的，并处 5 万元以上 10 万元以下罚款；构成犯罪的，依法追究刑事责任：

（一）未经许可，擅自从事贮存和处置放射性固体废物活动的；

（二）不按照许可的有关规定从事贮存和处置放射性固体废物活动的。

第五十八条　向中华人民共和国境内输入放射性废物和被放射性污染的物品，或者经中华人民共和国境内转移放射性废物和被放射性污染的物品的，由海关责令退运该放射性废物和被放射性污染的物品，并处 50 万元以上 100 万元以下罚款；构成犯罪的，依法追究刑事责任。

第五十九条　因放射性污染造成他人损害的，应当依法承担民事责任。

第八章　附　　则

第六十条　军用设施、装备的放射性污染防治，由国务院和军队的有关主管部门依照本法规定的原则和国务院、中央军事委员会规定的职责实施监督管理。

第六十一条　劳动者在职业活动中接触放射性物质造成的职业病的防治，依照《中华人民共和国职业病防治法》的规定执行。

第六十二条　本法中下列用语的含义：

（一）放射性污染，是指由于人类活动造成物料、人体、场所、环境介质表面或者内部出现超过国家标准的放射性物质或者射线。

（二）核设施，是指核动力厂（核电厂、核热电厂、核供汽供热厂等）和其他反应堆（研究堆、实验堆、临界装置等）；核燃料生产、加工、贮存和后处理设施；放射性废物的处理和处置设施等。

（三）核技术利用，是指密封放射源、非密封放射源和射线装置在医疗、工业、农业、地质调查、科学研究和教学等领域中的使用。

（四）放射性同位素，是指某种发生放射性衰变的元素中具有相同原子序数但质量不同的核素。

（五）放射源，是指除研究堆和动力堆核燃料循环范畴的材料以外，永久密封在容器中或者有严密包层并呈固态的放射性材料。

（六）射线装置，是指 X 线机、加速器、中子发生器以及含放射源的装置。

（七）伴生放射性矿，是指含有较高水平天然放射性核素浓度的非铀矿（如稀土矿和磷酸盐矿等）。

（八）放射性废物，是指含有放射性核素或者被放射性核素污染，其浓度或者比活度大于国家确定的清洁解控水平，预期不再使用的废弃物。

第六十三条　本法自 2003 年 10 月 1 日起施行。

中华人民共和国刑法（节选）[*]

（1979 年 7 月 1 日第五届全国人民代表大会第二次
会议通过　1997 年 3 月 14 日第八届全国人民代表大会
第五次会议修订　1997 年 3 月 14 日中华人民共和国主
席令第 83 号公布　自 1997 年 10 月 1 日起施行）

第一百三十六条　违反爆炸性、易燃性、放射性、毒害
性、腐蚀性物品的管理规定，在生产、储存、运输、使用中

　＊ 根据 1998 年 12 月 29 日第九届全国人民代表大会常务委员会第六次
会议通过的《全国人民代表大会常务委员会关于惩治骗购外汇、逃汇和非
法买卖外汇犯罪的决定》、1999 年 12 月 25 日第九届全国人民代表大会常务
委员会第十三次会议通过的《中华人民共和国刑法修正案》、2001 年 8 月 31
日第九届全国人民代表大会常务委员会第二十三次会议通过的《中华人民
共和国刑法修正案（二）》、2001 年 12 月 29 日第九届全国人民代表大会常
务委员会第二十五次会议通过的《中华人民共和国刑法修正案（三）》、
2002 年 12 月 28 日第九届全国人民代表大会常务委员会第三十一次会议通
过的《中华人民共和国刑法修正案（四）》、2005 年 2 月 28 日第十届全国人
民代表大会常务委员会第十四次会议通过的《中华人民共和国刑法修正案
（五）》、2006 年 6 月 29 日第十届全国人民代表大会常务委员会第二十二次
会议通过的《中华人民共和国刑法修正案（六）》、2009 年 2 月 28 日第十一
届全国人民代表大会常务委员会第七次会议通过的《中华人民共和国刑法
修正案（七）》、2009 年 8 月 27 日第十一届全国人民代表大会常务委员会第
十次会议《关于修改部分法律的决定》、2011 年 2 月 25 日第十一届全国人
民代表大会常务委员会第十九次会议通过的《中华人民共和国刑法修正案
（八）》修订。

发生重大事故，造成严重后果的，处三年以下有期徒刑或者拘役；后果特别严重的，处三年以上七年以下有期徒刑。

第一百五十一条第一款　走私武器、弹药、核材料或者伪造的货币的，处七年以上有期徒刑，并处罚金或者没收财产；情节特别严重的，处无期徒刑或者死刑，并处没收财产；情节较轻的，处三年以上七年以下有期徒刑，并处罚金。

第二百七十七条第一款　以暴力、威胁方法阻碍国家机关工作人员依法执行职务的，处三年以下有期徒刑、拘役、管制或者罚金。

第三百三十八条　违反国家规定，排放、倾倒或者处置有放射性的废物、含传染病病原体的废物、有毒物质或者其他有害物质，严重污染环境的，处三年以下有期徒刑或者拘役，并处或者单处罚金；后果特别严重的，处三年以上七年以下有期徒刑，并处罚金。

第三百八十五条　国家工作人员利用职务上的便利，索取他人财物的，或者非法收受他人财物，为他人谋取利益的，是受贿罪。

国家工作人员在经济往来中，违反国家规定，收受各种名义的回扣、手续费，归个人所有的，以受贿论处。

第三百九十七条　国家机关工作人员滥用职权或者玩忽职守，致使公共财产、国家和人民利益遭受重大损失的，处三年以下有期徒刑或者拘役；情节特别严重的，处三年以上七年以下有期徒刑。本法另有规定的，依照规定。

国家机关工作人员徇私舞弊，犯前款罪的，处五年以下有期徒刑或者拘役；情节特别严重的，处五年以上十年以下有期徒刑。本法另有规定的，依照规定。

第四百零八条　负有环境保护监督管理职责的国家机关工作人员严重不负责任，导致发生重大环境污染事故，致使公私财产遭受重大损失或者造成人身伤亡的严重后果的，处三年以下有期徒刑或者拘役。

放射性物品运输安全许可管理办法

（2010 年 9 月 25 日环境保护部令第 11 号公布
自 2010 年 11 月 1 日起施行）

目　录

第一章　总　　则

第一条　【立法目的】 为了加强对放射性物品运输的安全管理，实施《放射性物品运输安全管理条例》规定的运输安全许可制度，制定本办法。

第二条　【适用范围】 从事放射性物品运输和放射性物品运输容器设计、制造等活动，应当按照本办法的规定，办理有关许可和备案手续。

第三条　【分类管理】 国家对放射性物品运输实施分类管理，根据放射性物品的特性及其对人体健康和环境的潜在危害程度，将放射性物品分为一类、二类和三类。

　　放射性物品的具体分类和名录，由国务院核安全监管部门按照《放射性物品运输安全管理条例》的规定，会同国务院公安、卫生、海关、交通运输、铁路、民航、核工业行业主管部门制定。

第二章　运输容器设计的批准与备案

　　第四条　【设计基本要求】一类放射性物品运输容器的设计，应当在首次用于制造前报国务院核安全监管部门审查批准。

　　二类放射性物品运输容器的设计，应当在首次用于制造前报国务院核安全监管部门备案。

　　第五条　【设计记录】放射性物品运输容器设计单位应当建立健全质量保证体系并有效实施，加强档案管理，如实记录放射性物品运输容器的设计和安全性能评价过程。

　　第六条　【安全性能评价】放射性物品运输容器的设计应当满足国家放射性物品运输安全标准。

　　设计单位应当通过试验验证，采用可靠、保守的分析论证，或者采取两者相结合的方式，对设计的放射性物品运输容器的安全性能进行评价。

　　第七条　【设计单位条件】申请领取一类放射性物品运输容器设计批准书的单位，应当符合下列条件：

　　（一）具有法人资格；

　　（二）具有与所从事设计活动相关或者相近的工作业绩；

（三）具有与所从事设计活动相适应并经考核合格的专业技术人员；

（四）具有健全的管理制度和完善的质量保证体系，以及符合国家有关核安全监督管理规定的质量保证大纲。

第八条　【设计申请】申请批准一类放射性物品运输容器的设计，设计单位应当向国务院核安全监管部门提出书面申请，并提交下列材料：

（一）设计总图及其设计说明书；

（二）设计安全评价报告书；

（三）符合国家有关核安全监督管理规定的质量保证大纲。

放射性物品运输容器设计安全评价报告书的标准格式和内容，由国务院核安全监管部门另行规定。

第九条　【设计审查】国务院核安全监管部门应当自受理一类放射性物品运输容器的设计批准申请之日起45个工作日内完成审查。对符合国家放射性物品运输安全标准的，颁发一类放射性物品运输容器设计批准书，并公告设计批准编号；对不符合国家放射性物品运输安全标准的，书面通知申请单位并说明理由。

国务院核安全监管部门在审查过程中，应当组织专家进行技术评审。技术评审方式包括文件审查、审评对话、现场见证等。

技术评审所需时间，不计算在本条第一款规定的期限内。

第十条 【设计批准书】一类放射性物品运输容器设计批准书应当包括下列主要内容：

（一）设计单位名称、住所和法定代表人；

（二）运输容器类型和设计批准编号；

（三）放射性内容物特性；

（四）运输容器设计说明及适用的相关技术标准等；

（五）操作要求、运输方式、使用环境温度；

（六）有效期限；

（七）批准日期和批准书编号。

第十一条 【设计批准延续】一类放射性物品运输容器设计批准书有效期为5年。

设计批准书有效期届满，需要延续的，持证单位应当于设计批准书有效期届满6个月前，向国务院核安全监管部门提出书面延续申请，并提交下列材料：

（一）原设计批准书复印件；

（二）质量保证大纲实施效果的说明；

（三）设计依据标准如有变化，是否符合新标准的说明。

对于设计单位提出的批准书延续申请，国务院核安全监管部门应当在设计批准书有效期届满前作出是否准予延续的决定。

第十二条 【设计变更】设计单位修改已批准的一类放射性物品运输容器设计中有关安全内容的，应当按照原申请程序向国务院核安全监管部门重新申请领取设计批准书。

一类放射性物品运输容器设计单位变更单位名称、住所或者法定代表人的，应当自工商变更登记之日起 20 日内，向国务院核安全监管部门办理设计批准书变更手续，并提交变更申请、工商注册登记文件以及其他证明材料。

第十三条　【特殊形式批准】 为了控制放射性物品在运输过程中可能产生的弥散，放射性物品设计成特殊形式或者低弥散形式的，其防弥散的形式可视为放射性物品运输容器包容系统的组成部分。

特殊形式放射性物品和低弥散放射性物品的设计方案，应当符合国家放射性物品运输安全标准的有关要求，并报国务院核安全监管部门审查批准。

特殊形式放射性物品和低弥散放射性物品的设计单位，应当向国务院核安全监管部门提交其设计方案符合国家放射性物品运输安全标准有关要求的证明材料。

国务院核安全监管部门对符合国家放射性物品运输安全标准有关要求的，颁发相应的设计批准书，并公告设计批准编号；对不符合国家放射性物品运输安全标准有关要求的，书面通知申请单位并说明理由。

对于特殊形式放射性物品和低弥散放射性物品设计的延续、变更依据本办法第十一条和第十二条规定进行。

第十四条　【设计备案要求】 二类放射性物品运输容器的设计单位应当按照国家放射性物品运输安全标准进行设计，并在首次用于制造 30 日前，将下列文件报国务院核安全监管部门备案：

（一）设计总图及其设计说明书；

（二）设计安全评价报告表。

国务院核安全监管部门应当定期公布已备案的二类放射性物品运输容器的设计备案编号。

第三章　运输容器制造的许可与备案

第十五条　【制造基本要求】 从事一类放射性物品运输容器制造活动的单位，应当向国务院核安全监管部门申请领取制造许可证。

从事二类放射性物品运输容器制造活动的单位，应当报国务院核安全监管部门备案。

第十六条　【制造单位条件】 申请领取制造许可证的单位，应当具备下列条件：

（一）具有法人资格；

（二）有与所从事制造活动相关或者相近的工作业绩；

（三）有与所从事制造活动相适应的机械、焊接、材料和热处理、铸造和锻造等相关专业技术人员，以及取得焊工、焊接操作工或者无损检验资格证书的专业技术人员；

（四）有与所从事的制造活动相适应的生产条件和检测手段；

（五）有健全的管理制度、完善的质量保证体系和符合国家有关核安全监督管理规定的质量保证大纲。

第十七条　【制造申请】 申请领取放射性物品运输容器制造许可证的单位，应当向国务院核安全监管部门提交申请书，并提交符合规定条件的证明文件。

第十八条　**【制造审查】**国务院核安全监管部门应当自受理申请之日起 45 个工作日内完成审查，对符合条件的，颁发制造许可证，并予以公告；对不符合条件的，书面通知申请单位并说明理由。

国务院核安全监管部门在审查过程中，应当组织专家进行技术评审。技术评审可以采取文件审查、审评对话和现场检查等方式。

技术评审所需时间，不计算在本条第一款规定的期限内。

第十九条　**【制造许可证】**一类放射性物品运输容器制造许可证应当载明下列内容：

（一）制造单位名称、住所和法定代表人；

（二）许可制造的运输容器设计批准编号；

（三）有效期限；

（四）发证机关、发证日期和证书编号。

第二十条　**【制造许可延续】**一类放射性物品运输容器制造许可证有效期为 5 年。

制造许可证有效期届满，需要延续的，制造单位应当于制造许可证有效期届满 6 个月前，向国务院核安全监管部门提出书面延续申请，并提交下列材料：

（一）原制造许可证复印件；

（二）原制造许可证有效期内的制造活动情况；

（三）原制造许可证有效期内所制造运输容器的质量情

况；

（四）原制造许可证有效期内变更情况的说明。

国务院核安全监管部门应当在制造许可证有效期届满前作出是否准予延续的决定。

第二十一条　【制造许可变更】一类放射性物品运输容器制造单位制造与原许可制造的设计批准编号不同的运输容器的，应当按照原申请程序向国务院核安全监管部门重新申请领取制造许可证。

一类放射性物品运输容器制造单位变更单位名称、住所或者法定代表人的，应当自工商变更登记之日起 20 日内，向国务院核安全监管部门办理制造许可证变更手续，并提交变更申请、工商注册登记文件以及其他证明材料。

第二十二条　【制造禁止事项】禁止无制造许可证或者超出制造许可证规定范围从事一类放射性物品运输容器制造活动。

禁止委托未取得相应制造许可证的单位进行一类放射性物品运输容器制造活动。

禁止伪造、变造、转让制造许可证。

第二十三条　【制造单位备案】从事二类放射性物品运输容器制造活动的单位，应当在首次制造活动开始 30 日前，将下列材料报国务院核安全监管部门备案：

（一）所制造运输容器的设计备案编号；

（二）具备与从事制造活动相适应的专业技术人员、生产条件、检测手段的证明材料；

（三）具有健全管理制度的证明材料；

（四）质量保证大纲。

国务院核安全监管部门应当定期公布已备案的二类放射性物品运输容器制造单位。

第二十四条　【使用基本要求】使用境外单位制造的一类放射性物品运输容器的，应当在首次使用前报国务院核安全监管部门审查批准。

使用境外单位制造的二类放射性物品运输容器的，应当在首次使用前报国务院核安全监管部门备案。

第二十五条　【使用申请】申请使用境外单位制造的一类放射性物品运输容器的单位，应当向国务院核安全监管部门提出书面申请，并提交下列材料：

（一）设计单位所在国核安全监管部门颁发的设计批准文件的复印件；

（二）设计单位出具的设计安全评价报告书；

（三）制造单位相关业绩的证明材料；

（四）制造单位出具的质量合格证明；

（五）符合中华人民共和国法律、行政法规规定，以及国家放射性物品运输安全标准或者经国务院核安全监管部门认可的标准的说明材料。

第二十六条　【使用审查】国务院核安全监管部门应当自受理申请之日起45个工作日内完成审查，对符合国家放射性物品运输安全标准的，颁发使用批准书；对不符合国家放射性物品运输安全标准的，书面通知申请单位并说明理由。

在审查过程中，国务院核安全监管部门可以组织专家进行技术评审。技术评审所需时间不计算在前款规定的期限内。

第二十七条　【使用批准书】境外单位制造的一类放射性物品运输容器使用批准书应当载明下列内容：

（一）使用单位名称、住所和法定代表人；

（二）设计单位名称、制造单位名称；

（三）原设计批准编号；

（四）操作要求、运输方式、使用环境温度；

（五）运输容器编码；

（六）有效期限；

（七）批准日期和批准书编号。

第二十八条　【使用批准延续】境外单位制造的一类放射性物品运输容器使用批准书有效期为 5 年。

使用批准书有效期届满，需要延续的，使用单位应当于使用批准书有效期届满 6 个月前，向国务院核安全监管部门提出书面延续申请，并提交下列材料：

（一）原使用批准书复印件；

（二）原使用批准书有效期内运输容器使用情况报告；

（三）原使用批准书有效期内质量保证大纲实施效果的说明；

（四）原使用批准书有效期内运输容器维护、维修和安全性能评价情况说明。

对于使用单位提出的批准书延续申请，国务院核安全监管部门应当在使用批准书有效期届满前作出是否准予延续的决定。

第二十九条　【使用批准变更】持有境外单位制造的一类放射性物品运输容器使用批准书的使用单位，变更单位名称、住所或者法定代表人的，应当自工商登记之日起20日内，向国务院核安全监管部门办理使用批准书变更手续，并提交变更申请、工商注册登记文件以及其他证明材料。

第三十条　【使用备案】使用境外单位制造的二类放射性物品运输容器的，应当在首次使用前将下列文件报国务院核安全监管部门备案：

（一）制造单位出具的质量合格证明；

（二）设计单位出具的设计安全评价报告表；

（三）符合中华人民共和国法律、行政法规规定，以及国家放射性物品运输安全标准或者经国务院核安全监管部门认可的标准的说明材料。

国务院核安全监管部门办理使用境外单位制造的二类放射性物品运输容器备案手续，应当同时为运输容器确定编码。

第四章　放射性物品运输批准与备案

第三十一条　【运输基本要求】托运一类放射性物品的，托运人应当编制放射性物品运输的核与辐射安全分析报告书，报国务院核安全监管部门审查批准。

一类放射性物品从境外运抵中华人民共和国境内，或者途经中华人民共和国境内运输的，托运人应当编制放射性物品运输的核与辐射安全分析报告书，报国务院核安全监管部门审查批准。

二类、三类放射性物品从境外运抵中华人民共和国境内，或者途经中华人民共和国境内运输的，托运人应当编制放射性物品运输的辐射监测报告，报国务院核安全监管部门备案。

第三十二条　【报告书编制】托运人应当委托持有甲级环境影响评价资格证书的单位编制放射性物品运输的核与辐射安全分析报告书。

放射性物品运输的核与辐射安全分析报告书的格式和内容，由国务院核安全监管部门规定。

第三十三条　【运输审查】国务院核安全监管部门应当自受理放射性物品运输的核与辐射安全分析报告书之日起45个工作日内完成审查，对符合国家放射性物品运输安全标准的，颁发核与辐射安全分析报告批准书；对不符合国家放射性物品运输安全标准的，书面通知申请单位并说明理由。

在审查过程中，国务院核安全监管部门可以组织专家进行技术评审。技术评审所需时间不计算在前款规定的期限内。

第三十四条　【运输批准书】放射性物品运输的核与辐射安全分析报告批准书应当载明下列主要内容：

（一）托运人的名称、地址、法定代表人；

（二）运输放射性物品的品名、数量；

（三）运输容器设计批准编号、运输方式和运输方案；

（四）操作管理附加措施和规定；

（五）有效期限；

（六）批准日期和批准书编号。

第三十五条　【运输批准延续】一类放射性物品运输的核与辐射安全分析报告批准书有效期为 5 年。

核与辐射安全分析报告批准书有效期届满，需要延续的，托运人应当于核与辐射安全分析报告批准书有效期届满 6 个月前，向国务院核安全监管部门提出书面延续申请，并提交下列材料：

（一）原核与辐射安全分析报告批准书复印件；

（二）原核与辐射安全分析报告批准书有效期内运输容器使用情况报告，包括维护、维修和安全性能评价情况说明；

（三）运输活动情况报告，包括运输方案、辐射防护措施和应急措施执行情况说明。

对于托运人提出的批准书延续申请，国务院核安全监管部门应当在核与辐射安全分析报告批准书有效期届满前作出是否准予延续的决定。

第三十六条　【运输批准变更】持有核与辐射安全分析报告批准书的单位，变更单位名称、地址或者法定代表人的，应当自工商变更登记之日起 20 日内，向国务院核安全监管部门办理核与辐射安全分析报告批准书变更手续，并提交变更申请、工商注册登记文件以及其他证明材料。

第三十七条 【启运备案】一类放射性物品启运前,托运人应当将下列材料报启运地的省、自治区、直辖市人民政府环境保护主管部门备案:

(一)一类放射性物品运输辐射监测备案表;

(二)一类放射性物品运输的核与辐射安全分析报告批准书复印件;

(三)辐射监测报告。

前款规定的辐射监测报告,在托运人委托有资质的辐射监测机构对拟托运一类放射性物品的表面污染和辐射水平实施监测后,由辐射监测机构出具。

收到备案材料的省、自治区、直辖市人民政府环境保护主管部门,应当在启运前将备案表通报放射性物品运输的途经地和抵达地的省、自治区、直辖市人民政府环境保护主管部门。

第三十八条 【特殊安排】有下列情形之一,放射性物品运输容器无法完全符合国家放射性物品运输安全标准,需要通过特殊安排来提高运输安全水平的,托运人应当编制放射性物品运输的核与辐射安全分析报告书,在运输前报经国务院核安全监管部门审查同意:

(一)因形状特异不适宜专门设计和制造运输容器的;

(二)只是一次性运输,专门设计和制造符合国家放射性物品运输安全标准的运输容器经济上明显不合理的。

第三十九条 【过境运输审批】一类放射性物品从境

外运抵中华人民共和国境内，或者途经中华人民共和国境内运输的，托运人或者其委托代理人应当编制放射性物品运输的核与辐射安全分析报告书，报国务院核安全监管部门审查批准。审查批准程序依照本办法第三十三条的规定执行。

托运人获得国务院核安全监管部门颁发的核与辐射安全分析报告批准书后，方可将一类放射性物品运抵中华人民共和国境内或者途经中华人民共和国境内运输。

第四十条　【过境运输备案】二类、三类放射性物品从境外运抵中华人民共和国境内，或者途经中华人民共和国境内运输的，托运人应当委托有资质的单位监测，编制放射性物品运输的辐射监测报告，报国务院核安全监管部门备案。国务院核安全监管部门应当出具相应的放射性物品运输的辐射监测报告备案证明。

对于运输容器相同，放射性内容物相同，且半衰期小于60天的放射性物品，进口单位可以每半年办理一次辐射监测报告备案手续。

第四十一条　【过境海关手续】放射性物品从境外运抵中华人民共和国境内，或者途经中华人民共和国境内运输的，托运人、承运人或者其代理人向海关办理有关手续时，应当提交相关许可证件和国务院核安全监管部门颁发的放射性物品运输的核与辐射安全分析报告批准书或者放射性物品运输的辐射监测报告备案证明。

第四十二条　【运输资质】托运人应当委托具有放射性物品运输资质的承运人承运放射性物品。

自行运输本单位放射性物品的单位和在放射性废物收贮过程中的从事放射性物品运输的省、自治区、直辖市城市放射性废物库运营单位，应当取得非营业性道路危险货物运输资质。

第五章　附　　则

第四十三条　【术语】本办法下列用语的含义：

（一）特殊形式放射性物品：不弥散的固体放射性物品或者装有放射性物品的密封件。

（二）低弥散放射性物品：固体放射性物品，或者装在密封件里的固体放射性物品，其弥散性已受到限制且不呈粉末状。

（三）托运人：将托运货物提交运输的单位或者个人。

（四）承运人：使用任何运输手段承担放射性物质运输的单位或者个人。

第四十四条　【生效日期】本办法自 2010 年 11 月 1 日起施行。

附一：

一类放射性物品运输容器设计和核与
辐射安全分析报告批准编号规则

CN／XXX／X－XX－（NNSA—I）

其中：

第1－2位：国家或地区代码，CN代表中国。

第3位："/"，隔离符。

第4－6位：主管部门为该设计指定的设计批准编号或核与辐射安全分析报告批准编号，一类放射性物品运输容器设计批准编号范围为001－500。

第7位："/"，隔离符。

第8位：批准书类型：

AF：易裂变A型运输容器设计批准书

B（U）：B（U）型运输容器设计批准书

B（U）F：易裂变材料B（U）型运输容器设计批准书

B（M）：B（M）型运输容器设计批准书

B（M）F：易裂变材料B（M）型运输容器设计批准书

C：C型运输容器设计批准书

CF：易裂变材料C型运输容器设计批准书

IF：易裂变材料工业运输容器设计批准书

S：特殊形式放射性物品设计批准书

LD：低弥散放射性物品设计批准书

T：核与辐射安全分析报告批准书

X：特殊安排批准书

H：非易裂变物质或除六氟化铀以外的易裂变物质运输容器的设计批准书。

第9位："－"。

第10－11位：依据IAEA标准的版本，用年份后2位数字表示。如1996年版本，则填写96。

第 12 位:"－"。

第 13 位:(NNSA—Ⅰ)代表国务院核安全监管部门批准的一类放射性物品运输容器。

附二:

二类放射性物品运输容器设计备案编号规则

CN／×××／×－××－(NNSA—Ⅱ)

其中:

第 1 -2 位:国家或地区代码,CN 代表中国。

第 3 位:"／",隔离符。

第 4 -6 位:主管部门为该设计指定的备案编号,备案编号 >500

第 7 位:"／",隔离符。

第 8 位:运输容器类型,二类放射性物品运输容器类型有 A,IP3 等。

第 9 位:"－"。

第 10 -11 位:依据 IAEA 标准的版本,用年份后 2 位数字表示。如 1996 年版本,则填写 96。

第 12 位:"－"。

第 13 位:(NNSA—Ⅱ)代表国务院核安全监管部门备案的二类放射性物品运输容器。

附三：

一类放射性物品运输辐射监测备案表

申请文号：　　　　　　　　　　　　　备案号：

托运人名称	（盖章）		
法定代表人	（签字）		
单位详细地址		邮编	
托运人联系人		联系电话/传真	
承运人名称			
承运人联系人		联系电话/传真	
运输车队联系人		联系电话	
放射性物品品名、数量		运输容器编码	
运输线路			
运输方案	至少应包括：车队编组、运输车辆的说明		
辐射监测结果	说明是否满足标准要求		
核与辐射安全分析报告批准书编号			

附件：□ 1. 放射性物品运输的核与辐射安全分析报告批准书复印件；
　　　□ 2. 辐射监测报告。

省、自治区、直辖市人民政府环境保护主管部门：

经办人：　　　　　　　　　　　　　　　（盖章）

处领导：　　　　　　　　　　　　　　　日期：

厅/局领导：

说明：1. 一类放射性物品启运前，托运人报启运地的省、自治区、直辖市人民政府环境保护主管部门备案。
　　　2. 除备案号由省、自治区、直辖市人民政府环境保护主管部门填写外，其余由申请单位填写。
　　　3. 本表一式两份，备案后返回申请单位一份。

放射性物品分类和名录（试行）

（2010 年 3 月 4 日环境保护部公告 2010 年第 31 号公布　自 2010 年 3 月 18 日起施行）

根据国务院第 562 号令《放射性物品运输安全管理条例》规定和放射性物品在运输过程中的潜在危害程度，制定本放射性物品分类和名录。

一、放射性物品分类原则

按照国务院《放射性物品运输安全管理条例》中第三条的规定，根据放射性物品的特性及其对人体健康和环境的潜在危害程度，将放射性物品分为一类、二类和三类。

一类放射性物品，是指 I 类放射源、高水平放射性废物、乏燃料等释放到环境后对人体健康和环境产生重大辐射影响的放射性物品。

二类放射性物品，是指 II 类和 III 类放射源、中等水平放射性废物等释放到环境后对人体健康和环境产生一般辐射影响的放射性物品。

三类放射性物品，是指 IV 类和 V 类放射源、低水平放射性废物、放射性药品等释放到环境后对人体健康和环境产生较小辐射影响的放射性物品。

放射性物品分类不改变国标 GB11806 中关于放射性物品货包的分类及相应的设计要求。

放射性物品分类和名录与 GB12268 中有关放射性物品运输分类和列名等内容协调一致。

二、放射性物品分类和名录

放射性物品分类和名录包括放射性物品、放射性物品举例、容器类型、货包（包件）类型、名称和说明以及联合国编号。具体分类和名录见表一。

表一:放射性物品分类和名录

分类	放射性物品	放射性物品举例	容器类型	货包(包件)类型	名称和说明[1]	联合国编号
一类	放射性活度大于A₁或A₂值的放射性物品[2]	如反应堆乏燃料,高水平放射性废物	B(U)	B(U)货包	放射性物品 B(U)型货包,非易裂变的或例外易裂变的	2916
			B(U)F		放射性物品 B(U)型货包,易裂变的	3328
			B(M)	B(M)货包	放射性物品 B(M)型货包,非易裂变的或例外易裂变的	2917
			B(M)F		放射性物品 B(M)型货包,易裂变的	3329
			C	C型货包	放射性物品 C型货包,非易裂变的或例外易裂变的	3323
			CF		放射性物品 C型货包,易裂变的	3330
	等于或大于0.1kg的六氟化铀		H(U) H(M)	六氟化铀货包	放射性物质六氟化铀,非易裂变的或例外易裂变的	2978
			H(U)F H(M)F		放射性物质六氟化铀,易裂变的	2977
	需特殊安排运输的放射性物品		T	特殊安排运输	特殊安排下运输的放射性物品,非易裂变的或例外易裂变的	2919
			X		特殊安排下运输的放射性物品,易裂变的	3331
	放射性活度不大于A₁或A₂值的易裂变放射性物品	反应堆新燃料	AF	A型货包	放射性物品 A型货包,易裂变的,非特殊形式的	3327
					放射性物品 A型货包,特殊形式的,易裂变的	3333

注:A₁ 即 A_1,A₂ 即 A_2

分类	放射性物品	放射性物品举例	容器类型	货包（包件）类型	名称和说明[1]	联合国编号
	易裂变III类低比活度放射性物品（LSA-III）		IF-2 IF-3	工业II型货包 工业III型货包	III类低比活度放射性物品（LSA-III），易裂变的	3325
	易裂变II类低比活度的放射性物品（LSA-II）		IF-2 IF-3	工业II型货包 工业III型货包	II类低比活度放射性物品（LSA-II），易裂变的	3324
一类	易裂变的放射性表面污染物体（SCO-I或SCO-II）		IF	工业型货包	放射性表面污染物体（SCO-I或SCO-II），易裂变的	3326
	I类放射源	医用强钴源，工业辐照强钴源，锔-252中子源原料等	B(U)	B(U)货包	放射性物品B(U)型货包，非易裂变的或例外易裂变的	2916
			B(M)	B(M)货包	放射性物品B(M)型货包，非易裂变的或例外易裂变的	2917

分类	放射性物品	放射性物品举例	容器类型	货包(包件)类型	名称和说明[1]	联合国编号
二类	非特殊形式的非易裂变或例外易裂变，放射性活度不大于A_2值的放射性物品	钼-锝发生器	A	A型货包	放射性物品A型货包，非特殊形式的或非特殊形式的例外易裂变的	2915
	特殊形式[3]的非易裂变或例外易裂变，放射性活度不大于A_1值的放射性物品		A	A型货包	放射性物品A型货包，特殊形式的或非特殊形式的非易裂变的	3332
	非易裂变或例外的III类低比活度放射性物品(LSA-III)(非独家使用)		IP-3	工业III型货包	III类低比活度放射性物品(LSA-III)，非易裂变的或例外易裂变的	3322
	非易裂变或例外的II类低比活度放射性物品(LSA-II)(液体非独家使用)		IP-3	工业III型货包	II类低比活度放射性物品(LSA-II)，非易裂变的或例外易裂变的	3321

分类	放射性物品	放射性物品举例	容器类型	货包（包件）类型	名称和说明[1]	联合国编号
二类	II类和III类放射源	铯-137等密封放射源	B（U）	B（U）货包	放射性物品 B（U）型货包，非易裂变的或例外易裂变的	2916
			B（M）	B（M）货包	放射性物品 B（M）型货包，非易裂变的或例外易裂变的	2917
			A	A型货包	放射性物品 A 型货包，非特殊形式的非易裂变的或非特殊形式的例外易裂变的	2915
					放射性物品 A 型货包，特殊形式的非易裂变或特殊形式的例外易裂变的	3332
三类	有限量的放射性物品[4]	放射性活度小于 7×10^7 Bq 的碘-131 溶液		例外货包	放射性物品例外货包－有限量的放射性物品	2910
	含有放射性物质的仪器或制品	骨密度测量仪		例外货包	放射性物品例外货包－含有放射性物质的仪器或制品	2911
	天然铀或贫化铀或天然钍的制品			例外货包	放射性物品例外货包－天然铀或贫化铀或天然钍的制品	2909
	运输放射性物品的空包装			例外货包	放射性物品例外货包－运输放射性物品的空包装	2908

分类	放射性物品	放射性物品举例	容器类型	货包(包件)类型	名称和说明[1]	联合国编号
	非易裂变或例外易裂变的Ⅲ类低比活度放射性物品(LSA-Ⅲ)		IP-2	工业Ⅱ型货包	Ⅲ类低比活度放射性物品(LSA-Ⅲ),非易裂变或例外易裂变的	3322
	非易裂变或例外易裂变的Ⅱ类低比活度放射性物品(LSA-Ⅱ)	含氚浓度小于0.8TBq/L的水	IP-2	工业Ⅱ型货包	Ⅱ类低比活度放射性物品(LSA-Ⅱ),非易裂变或例外易裂变的	3321
	非易裂变或例外易裂变的Ⅰ类低比活度放射性物品(LSA-Ⅰ)	黄饼	IP-2	工业Ⅰ型货包 工业Ⅱ型货包	Ⅰ类低比活度放射性物品(LSA-Ⅰ),非易裂变或例外易裂变的	2912
	非易裂变或例外易裂变Ⅰ,Ⅱ类放射性表面污染体(SCO-Ⅰ,SCO-Ⅱ)	污染构件	IP-1 IP-2	工业Ⅰ型货包 工业Ⅱ型货包	放射性表面污染物体(SCO-Ⅰ或SCO-Ⅱ),非易裂变或例外易裂变的	2913
三类	Ⅵ类和Ⅴ类放射源	铯-137(0.5m Ci)子母源源罐	A	A型货包	放射性物品 A型货包,非特殊形式的或例外特殊形式的例外易裂变的	2915
					放射性物品 A型货包,特殊形式的或特殊形式的例外非易裂变或非特殊形式的非易裂变的	3332
				例外货包	放射性物品例外货包—有限量的	2910

注：

　　[1]"名称和说明"栏中中文正式名称用黑体字表示，附加中文说明用宋体字表示。

　　[2] A_1 或 A_2 值：其中 A_1 为对特殊形式放射性物品的活度限值；A_2 为对所有其他放射性物品的活度限值，A_1 或 A_2 值见表二放射性核素的基本限值。对于表二中未列出的单个放射性核素，可使用表三所列出的放射性核素的值。

　　[3] 当特殊形式放射性物品结构视为包容系统的组成部分时，该特殊形式放射性物品结构设计须报国务院核安全监管部门批准。

　　[4] 有限量的放射性物品，含有放射性物质的仪器或制品的放射性活度限值见表四。天然铀、贫化铀或天然钍制品，只要铀或钍的外表面由金属或其他坚固材料制成的非放射性包封，放射性活度不限。

　　三、放射性物品运输免管

　　1. 免于运输监管的放射性物品的比活度或活度不得超过相应的豁免限值，豁免限值规定如下：

　　（1）对于含有单个放射性核素的放射性物品，豁免物品的放射性比活度和一件托运货物的豁免放射性活度限值见表二。

　　（2）对于放射性核素的混合物，可按下式确定放射性核素的基本限值：

$$X_m = \frac{1}{\sum\limits_i f\ (i)\ /X\ (i)}$$

式中：

f（i）——放射性核素 i 的放射性比活度或放射性活度在混合物中所占的份额；

X（i）——放射性核素 i 的豁免物品的比活度或者一件托运货物的豁免放射性活度限值的相应值；

X_m——混合物情况下，豁免物品的比活度或一件托运货物的豁免放射性活度限值。

（3）当已知每个放射性核素的类别，而未知其中某些放射性核素的单个放射性活度时，可以把这些放射性核素归并成组，并在应用公式（1）时使用各组中放射性核素的最小的放射性核素的 X_m 值。当总的 α 放射性活度和总的 β/γ 放射性活度均为已知时，可以此作为分组的依据，并分别使用 α 发射体或 β/γ 发射体的最小的放射性核素的 X_m 值。

（4）对无数据可用的单个放射性核素或放射性核素混合物，可使用表三的豁免物品的放射性比活度和一件托运货物的豁免放射性活度限值。

2. 下列放射性物品也免于运输监管：

（1）已成为运输手段组成部分的放射性物品。

（2）在单位内进行不涉及公路或铁路运输的放射性物品。

（3）为诊断或治疗而植入或注入人体或活的动物体内的放射性物品。

（4）已获得监管部门的批准并已销售给最终用户的含微弱放射性物质的消费品。

（5）含天然存在的放射性核素的天然物品和矿石，处于天然状态或者仅为非提取放射性核素的目的而进行了处理，也不准备经处理后使用这些放射性核素。且这类物品的比活度不超过豁免物品比活度限值的 10 倍。

（6）表面上被放射性物质污染的非放射性固体物品，且满足如下限制：对 β 和 γ 发射体及低毒性 α 发射体，其量小于 $0.8Bq/cm^2$；对所有其他 α 发射体，其量小于 $0.08Bq/cm^2$。

表二　放射性核素的基本限值

放射性核素（原子序数）	A_1 TBq	A_2 TBq	豁免物品的放射性比活度 Bq/g	一件托运货物的豁免放射性活度限值 Bq
锕 [Ac (89)]				
Ac – 225ᵃ	8×10^{-1}	6×10^{-3}	1×10^{1}	1×10^{4}
Ac – 227ᵃ	9×10^{-1}	9×10^{-5}	1×10^{-1}	1×10^{3}
Ac – 228	6×10^{-1}	5×10^{-1}	1×10^{1}	1×10^{6}
银 [Ag (47)]				
Ag – 105	2×10^{0}	2×10^{0}	1×10^{2}	1×10^{6}
Ag – 108mᵃ	7×10^{-1}	7×10^{-1}	$1 \times 10^{1(b)}$	$1 \times 10^{6(b)}$
Ag – 110mᵃ	4×10^{-1}	4×10^{-1}	1×10^{1}	1×10^{6}
Ag – 111	2×10^{0}	6×10^{-1}	1×10^{3}	1×10^{6}
铝 [Al (13)]				
Al – 26	1×10^{-1}	1×10^{-1}	1×10^{1}	1×10^{5}
镅 [Am (95)]				
Am – 241	1×10^{1}	1×10^{-3}	1×10^{0}	1×10^{4}
Am – 242mᵃ	1×10^{1}	1×10^{-3}	$1 \times 10^{0(b)}$	$1 \times 10^{4(b)}$
Am – 243ᵃ	5×10^{0}	1×10^{-3}	$1 \times 10^{0(b)}$	$1 \times 10^{3(b)}$

放射性核素 （原子序数）	A_1 TBq	A_2 TBq	豁免物品的放射性比活度 Bq/g	一件托运货物的豁免放射性活度限值 Bq
氩 [Ar (18)]				
Ar－37	4×10^1	4×10^1	1×10^6	1×10^8
Ar－39	4×10^1	2×10^1	1×10^7	1×10^4
Ar－41	3×10^{-1}	3×10^{-1}	1×10^2	1×10^9
砷 [As (33)]				
As－72	3×10^{-1}	3×10^{-1}	1×10^1	1×10^5
As－73	4×10^1	4×10^1	1×10^3	1×10^7
As－74	1×10^0	9×10^{-1}	1×10^1	1×10^6
As－76	3×10^{-1}	3×10^{-1}	1×10^2	1×10^5
As－77	2×10^1	7×10^{-1}	1×10^3	1×10^6
砹 [At (85)]				
At－211ᵃ	2×10^1	5×10^{-1}	1×10^3	1×10^7
金 [Au (79)]				
Au－193	7×10^0	2×10^0	1×10^2	1×10^7
Au－194	1×10^0	1×10^0	1×10^1	1×10^6
Au－195	1×10^1	6×10^0	1×10^2	1×10^7
Au－198	1×10^0	6×10^{-1}	1×10^2	1×10^6
Au－199	1×10^1	6×10^{-1}	1×10^2	1×10^6
钡 [Ba (56)]				
Ba－131ᵃ	2×10^0	2×10^0	1×10^2	1×10^6
Ba－133	3×10^0	3×10^0	1×10^2	1×10^6
Ba－133m	2×10^1	6×10^{-1}	1×10^2	1×10^6
Ba－140ᵃ	5×10^{-1}	3×10^{-1}	$1 \times 10^{1(b)}$	$1 \times 10^{5(b)}$
铍 [Be (4)]				
Be－7	2×10^1	2×10^1	1×10^3	1×10^7
Be－10	4×10^1	6×10^{-1}	1×10^4	1×10^6

放射性核素 （原子序数）	A_1 TBq	A_2 TBq	豁免物品的放射性比活度 Bq/g	一件托运货物的豁免放射性活度限值 Bq
铋 [Bi (83)]				
Bi – 205	7×10^{-1}	7×10^{-1}	1×10^1	1×10^6
Bi – 206	3×10^{-1}	3×10^{-1}	1×10^1	1×10^5
Bi – 207	7×10^{-1}	7×10^{-1}	1×10^1	1×10^6
Bi – 210	1×10^0	6×10^{-1}	1×10^3	1×10^6
Bi – 210m[a]	6×10^{-1}	2×10^{-2}	1×10^1	1×10^5
Bi – 212[a]	7×10^{-1}	6×10^{-1}	$1 \times 10^{1(b)}$	$1 \times 10^{5(b)}$
锫 [Bk (97)]				
Bk – 247	8×10^0	8×10^{-4}	1×10^0	1×10^4
Bk – 249[a]	4×10^1	3×10^{-1}	1×10^3	1×10^6
溴 [Br (35)]				
Br – 76	4×10^{-1}	4×10^{-1}	1×10^1	1×10^5
Br – 77	3×10^0	3×10^0	1×10^2	1×10^6
Br – 82	4×10^{-1}	4×10^{-1}	1×10^1	1×10^6
碳 [C (6)]				
C – 11	1×10^0	6×10^{-1}	1×10^1	1×10^6
C – 14	4×10^1	3×10^0	1×10^4	1×10^7
钙 [Ca (20)]				
Ca – 41	不限	不限	1×10^5	1×10^7
Ca – 45	4×10^1	1×10^0	1×10^4	1×10^7
Ca – 47[a]	3×10^0	3×10^{-1}	1×10^1	1×10^6
镉 [Cd (48)]				
Cd – 109	3×10^1	2×10^0	1×10^4	1×10^6
Cd – 113m	4×10^1	5×10^{-1}	1×10^3	1×10^6
Cd – 115[a]	3×10^0	4×10^{-1}	1×10^2	1×10^6
Cd – 115m	5×10^{-1}	5×10^{-1}	1×10^3	1×10^6

放射性核素 （原子序数）	A_1 TBq	A_2 TBq	豁免物品的放射性比活度 Bq/g	一件托运货物的豁免放射性活度限值 Bq
铈 [Ce (58)]				
Ce – 139	7×10^0	2×10^0	1×10^2	1×10^6
Ce – 141	2×10^1	6×10^{-1}	1×10^2	1×10^7
Ce – 143	9×10^{-1}	6×10^{-1}	1×10^2	1×10^6
Ce – 144[a]	2×10^{-1}	2×10^{-1}	$1 \times 10^{2(b)}$	$1 \times 10^{5(b)}$
锎 [Cf (98)]				
Cf – 248	4×10^1	6×10^{-3}	1×10^1	1×10^4
Cf – 249	3×10^0	8×10^{-4}	1×10^0	1×10^3
Cf – 250	2×10^1	2×10^{-3}	1×10^1	1×10^4
Cf – 251	7×10^0	7×10^{-4}	1×10^0	1×10^3
Cf – 252	1×10^{-1}	3×10^{-3}	1×10^1	1×10^4
Cf – 253[a]	4×10^1	4×10^{-2}	1×10^2	1×10^5
Cf – 254	1×10^{-3}	1×10^{-3}	1×10^0	1×10^3
氯 [Cl (17)]				
Cl – 36	1×10^1	6×10^{-1}	1×10^4	1×10^6
Cl – 38	2×10^{-1}	2×10^{-1}	1×10^1	1×10^5
锔 [Cm (96)]				
Cm – 240	4×10^1	2×10^{-2}	1×10^2	1×10^5
Cm – 241	2×10^0	1×10^0	1×10^2	1×10^6
Cm – 242	4×10^1	1×10^{-2}	1×10^2	1×10^5
Cm – 243	9×10^0	1×10^{-3}	1×10^0	1×10^4
Cm – 244	2×10^1	2×10^{-3}	1×10^1	1×10^4
Cm – 245	9×10^0	9×10^{-4}	1×10^0	1×10^3
Cm – 246	9×10^0	9×10^{-4}	1×10^0	1×10^3
Cm – 247[a]	3×10^0	1×10^{-3}	1×10^0	1×10^4
Cm – 248	2×10^{-2}	3×10^{-4}	1×10^0	1×10^3

放射性核素 （原子序数）	A_1 TBq	A_2 TBq	豁免物品的放射 性比活度 Bq/g	一件托运货物的豁免放 射性活度限值 Bq
钴［Co（27）］				
Co－55	5×10^{-1}	5×10^{-1}	1×10^{1}	1×10^{6}
Co－56	3×10^{-1}	3×10^{-1}	1×10^{1}	1×10^{5}
Co－57	1×10^{1}	1×10^{1}	1×10^{2}	1×10^{6}
Co－58	1×10^{0}	1×10^{0}	1×10^{1}	1×10^{6}
Co－58m	4×10^{1}	4×10^{1}	1×10^{4}	1×10^{7}
Co－60	4×10^{-1}	4×10^{-1}	1×10^{1}	1×10^{5}
铬［Cr（24）］				
Cr－51	3×10^{1}	3×10^{1}	1×10^{3}	1×10^{7}
铯［Cs（55）］				
Cs－129	4×10^{0}	4×10^{0}	1×10^{2}	1×10^{5}
Cs－131	3×10^{1}	3×10^{1}	1×10^{3}	1×10^{6}
Cs－132	1×10^{0}	1×10^{0}	1×10^{1}	1×10^{5}
Cs－134	7×10^{-1}	7×10^{-1}	1×10^{1}	1×10^{4}
Cs－134m	4×10^{1}	6×10^{0}	1×10^{3}	1×10^{5}
Cs－135	4×10^{1}	1×10^{0}	1×10^{4}	1×10^{7}
Cs－136	5×10^{-1}	5×10^{-1}	1×10^{1}	1×10^{5}
Cs－137[a]	2×10^{0}	6×10^{-1}	$1 \times 10^{1(b)}$	$1 \times 10^{4(b)}$
铜［Cu（29）］				
Cu－64	6×10^{0}	1×10^{0}	1×10^{2}	1×10^{6}
Cu－67	1×10^{1}	7×10^{-1}	1×10^{2}	1×10^{6}
镝［Dy（66）］				
Dy－159	2×10^{1}	2×10^{1}	1×10^{3}	1×10^{7}
Dy－165	9×10^{-1}	6×10^{-1}	1×10^{3}	1×10^{6}
Dy－166[a]	9×10^{-1}	3×10^{-1}	1×10^{3}	1×10^{6}

放射性核素 （原子序数）	A_1 TBq	A_2 TBq	豁免物品的放射 性比活度 Bq/g	一件托运货物的豁免放 射性活度限值 Bq
铒［Er（68）］				
Er－169	4×10^1	1×10^0	1×10^4	1×10^7
Er－171	8×10^{-1}	5×10^{-1}	1×10^2	1×10^6
铕［Eu（63）］				
Eu－147	2×10^0	2×10^0	1×10^2	1×10^6
Eu－148	5×10^{-1}	5×10^{-1}	1×10^1	1×10^6
Eu－149	2×10^1	2×10^1	1×10^2	1×10^7
Eu－150（短寿命）	2×10^0	7×10^{-1}	1×10^3	1×10^6
Eu－150（长寿命）	7×10^{-1}	7×10^{-1}	1×10^1	1×10^6
Eu－152	1×10^0	1×10^0	1×10^1	1×10^6
Eu－152m	8×10^{-1}	8×10^{-1}	1×10^2	1×10^6
Eu－154	9×10^{-1}	6×10^{-1}	1×10^1	1×10^6
Eu－155	2×10^1	3×10^0	1×10^2	1×10^7
Eu－156	7×10^{-1}	7×10^{-1}	1×10^1	1×10^6
氟［F（9）］				
F－18	1×10^0	6×10^{-1}	1×10^1	1×10^6
铁［Fe（26）］				
Fe－52[a]	3×10^{-1}	3×10^{-1}	1×10^1	1×10^6
Fe－55	4×10^1	4×10^1	1×10^4	1×10^6
Fe－59	9×10^{-1}	9×10^{-1}	1×10^1	1×10^6
Fe－60[a]	4×10^1	2×10^{-1}	1×10^2	1×10^5
镓［Ga（31）］				
Ga－67	7×10^0	3×10^0	1×10^2	1×10^6
Ga－68	5×10^{-1}	5×10^{-1}	1×10^1	1×10^5
Ga－72	4×10^{-1}	4×10^{-1}	1×10^1	1×10^5

放射性核素 （原子序数）	A_1 TBq	A_2 TBq	豁免物品的放射 性比活度 Bq/g	一件托运货物的豁免放 射性活度限值 Bq
钆〔Gd（64）〕				
Gd－146[a]	5×10^{-1}	5×10^{-1}	1×10^1	1×10^6
Gd－148	2×10^1	2×10^{-3}	1×10^1	1×10^4
Gd－153	1×10^1	9×10^0	1×10^2	1×10^7
Gd－159	3×10^0	6×10^{-1}	1×10^3	1×10^6
锗〔Ge（32）〕				
Ge－68[a]	5×10^{-1}	5×10^{-1}	1×10^1	1×10^5
Ge－71	4×10^1	4×10^1	1×10^4	1×10^8
Ge－77	3×10^{-1}	3×10^{-1}	1×10^1	1×10^5
铪〔Hf（72）〕				
Hf－172[a]	6×10^{-1}	6×10^{-1}	1×10^1	1×10^6
Hf－175	3×10^0	3×10^0	1×10^2	1×10^6
Hf－181	2×10^0	5×10^{-1}	1×10^1	1×10^6
Hf－182	不限	不限	1×10^2	1×10^6
汞〔Hg（80）〕				
Hg－194[a]	1×10^0	1×10^0	1×10^1	1×10^6
Hg－195m[a]	3×10^0	7×10^{-1}	1×10^2	1×10^6
Hg－197	2×10^1	1×10^1	1×10^2	1×10^7
Hg－197m	1×10^1	4×10^{-1}	1×10^2	1×10^6
Hg－203	5×10^0	1×10^0	1×10^2	1×10^5
钬〔Ho（67）〕				
Ho－166	4×10^{-1}	4×10^{-1}	1×10^3	1×10^5
Ho－166m	6×10^{-1}	5×10^{-1}	1×10^1	1×10^6

放射性核素 （原子序数）	A_1 TBq	A_2 TBq	豁免物品的放射 性比活度 Bq/g	一件托运货物的豁免放 射性活度限值 Bq
碘〔I（53）〕				
I－123	6×10^0	3×10^0	1×10^2	1×10^7
I－124	1×10^0	1×10^0	1×10^1	1×10^6
I－125	2×10^1	3×10^0	1×10^3	1×10^6
I－126	2×10^0	1×10^0	1×10^2	1×10^6
I－129	不限	不限	1×10^2	1×10^5
I－131	3×10^0	7×10^{-1}	1×10^2	1×10^6
I－132	4×10^{-1}	4×10^{-1}	1×10^1	1×10^5
I－133	7×10^{-1}	6×10^{-1}	1×10^1	1×10^6
I－134	3×10^{-1}	3×10^{-1}	1×10^1	1×10^5
I－135[a]	6×10^{-1}	6×10^{-1}	1×10^1	1×10^6
铟〔In（49）〕				
In－111	3×10^0	3×10^0	1×10^2	1×10^6
In－113m	4×10^0	2×10^0	1×10^2	1×10^6
In－114m[a]	1×10^1	5×10^{-1}	1×10^2	1×10^6
In－115m	7×10^0	1×10^0	1×10^2	1×10^6
铱〔Ir（77）〕				
Ir－189[a]	1×10^1	1×10^1	1×10^2	1×10^7
Ir－190	7×10^{-1}	7×10^{-1}	1×10^1	1×10^6
Ir－192	$1 \times 10^{0(c)}$	6×10^{-1}	1×10^1	1×10^4
Ir－194	3×10^{-1}	3×10^{-1}	1×10^2	1×10^5
钾〔K（19）〕				
K－40	9×10^{-1}	9×10^{-1}	1×10^2	1×10^6
K－42	2×10^{-1}	2×10^{-1}	1×10^2	1×10^6
K－43	7×10^{-1}	6×10^{-1}	1×10^1	1×10^6

放射性核素 （原子序数）	A_1 TBq	A_2 TBq	豁免物品的放射性比活度 Bq/g	一件托运货物的豁免放射性活度限值 Bq
氪 ［Kr（36）］				
Kr – 81	4×10^1	4×10^1	1×10^4	1×10^7
Kr – 85	1×10^1	1×10^1	1×10^5	1×10^4
Kr – 85m	8×10^0	3×10^0	1×10^3	1×10^{10}
Kr – 87	2×10^{-1}	2×10^{-1}	1×10^2	1×10^9
镧 ［La（57）］				
La – 137	3×10^1	6×10^0	1×10^3	1×10^7
La – 140	4×10^{-1}	4×10^{-1}	1×10^1	1×10^5
镥 ［Lu（71）］				
Lu – 172	6×10^{-1}	6×10^{-1}	1×10^1	1×10^6
Lu – 173	8×10^0	8×10^0	1×10^2	1×10^7
Lu – 174	9×10^0	9×10^0	1×10^2	1×10^7
Lu – 174m	2×10^1	1×10^1	1×10^2	1×10^7
Lu – 177	3×10^1	7×10^{-1}	1×10^3	1×10^7
镁 ［Mg（12）］				
Mg – 28[a]	3×10^{-1}	3×10^{-1}	1×10^1	1×10^5
锰 ［Mn（25）］				
Mn – 52	3×10^{-1}	3×10^{-1}	1×10^1	1×10^5
Mn – 53	不限	不限	1×10^4	1×10^9
Mn – 54	1×10^0	1×10^0	1×10^1	1×10^6
Mn – 56	3×10^{-1}	3×10^{-1}	1×10^1	1×10^5
钼 ［Mo（42）］				
Mo – 93	4×10^1	2×10^1	1×10^3	1×10^8
Mo – 99[a]	1×10^0	6×10^{-1}	1×10^2	1×10^6

放射性核素 （原子序数）	A_1 TBq	A_2 TBq	豁免物品的放射 性比活度 Bq/g	一件托运货物的豁免放 射性活度限值 Bq
氮 [N (7)]				
N – 13	9×10^{-1}	6×10^{-1}	1×10^2	1×10^9
钠 [Na (11)]				
Na – 22	5×10^{-1}	5×10^{-1}	1×10^1	1×10^6
Na – 24	2×10^{-1}	2×10^{-1}	1×10^1	1×10^5
铌 [Nb (41)]				
Nb – 93m	4×10^1	3×10^1	1×10^4	1×10^7
Nb – 94	7×10^{-1}	7×10^{-1}	1×10^1	1×10^6
Nb – 95	1×10^0	1×10^0	1×10^1	1×10^6
Nb – 97	9×10^{-1}	6×10^{-1}	1×10^1	1×10^6
钕 [Nd (60)]				
Nd – 147	6×10^0	6×10^{-1}	1×10^2	1×10^6
Nd – 149	6×10^{-1}	5×10^{-1}	1×10^2	1×10^6
镍 [Ni (28)]				
Ni – 59	不限	不限	1×10^4	1×10^8
Ni – 63	4×10^1	3×10^1	1×10^5	1×10^8
Ni – 65	4×10^{-1}	4×10^{-1}	1×10^1	1×10^6
镎 [Np (93)]				
Np – 235	4×10^1	4×10^1	1×10^3	1×10^7
Np – 236（短寿命）	2×10^1	2×10^0	1×10^3	1×10^7
Np – 236（长寿命）	9×10^0	2×10^{-2}	1×10^2	1×10^5
Np – 237	2×10^1	2×10^{-3}	$1 \times 10^{0(b)}$	$1 \times 10^{3(b)}$
Np – 239	7×10^0	4×10^{-1}	1×10^2	1×10^7

放射性核素 （原子序数）	A_1 TBq	A_2 TBq	豁免物品的放射 性比活度 Bq/g	一件托运货物的豁免放 射性活度限值 Bq
锇 [Os（76）]				
Os – 185	1×10^0	1×10^0	1×10^1	1×10^6
Os – 191	1×10^1	2×10^0	1×10^2	1×10^7
Os – 191m	4×10^1	3×10^1	1×10^3	1×10^7
Os – 193	2×10^0	6×10^{-1}	1×10^2	1×10^6
Os – 194ª	3×10^{-1}	3×10^{-1}	1×10^2	1×10^5
磷 [P（15）]				
P – 32	5×10^{-1}	5×10^{-1}	1×10^3	1×10^5
P – 33	4×10^1	1×10^0	1×10^5	1×10^8
镤 [Pa（91）]				
Pa – 230	2×10^0	7×10^{-2}	1×10^1	1×10^6
Pa – 231	4×10^0	4×10^{-4}	1×10^0	1×10^3
Pa – 233	5×10^0	7×10^{-1}	1×10^2	1×10^7
铅 [Pb（82）]				
Pb – 201	1×10^0	1×10^0	1×10^1	1×10^6
Pb – 202	4×10^1	2×10^0	1×10^3	1×10^6
Pb – 203	4×10^0	3×10^0	1×10^2	1×10^6
Pb – 205	不限	不限	1×10^4	1×10^7
Pb – 210ª	1×10^0	5×10^{-2}	$1 \times 10^{1(b)}$	$1 \times 10^{4(b)}$
Pb – 212ª	7×10^{-1}	2×10^{-1}	$1 \times 10^{1(b)}$	$1 \times 10^{5(b)}$
钯 [Pd（46）]				
Pd – 103ª	4×10^1	4×10^1	1×10^3	1×10^8
Pd – 107	不限	不限	1×10^5	1×10^8
Pd – 109	2×10^0	5×10^{-1}	1×10^3	1×10^6

放射性核素 （原子序数）	A_1 TBq	A_2 TBq	豁免物品的放射性比活度 Bq/g	一件托运货物的豁免放射性活度限值 Bq
钷［Pm（61）］				
Pm – 143	3×10^0	3×10^0	1×10^2	1×10^6
Pm – 144	7×10^{-1}	7×10^{-1}	1×10^1	1×10^6
Pm – 145	3×10^1	1×10^1	1×10^3	1×10^7
Pm – 147	4×10^1	2×10^0	1×10^4	1×10^7
Pm – 148m^a	8×10^{-1}	7×10^{-1}	1×10^1	1×10^6
Pm – 149	2×10^0	6×10^{-1}	1×10^3	1×10^6
Pm – 151	2×10^0	6×10^{-1}	1×10^2	1×10^6
钋［Po（84）］				
Po – 210	4×10^1	2×10^{-2}	1×10^1	1×10^4
镨［Pr（59）］				
Pr – 142	4×10^{-1}	4×10^{-1}	1×10^2	1×10^5
Pr – 143	3×10^0	6×10^{-1}	1×10^4	1×10^6
铂［Pt（78）］				
Pt – 188^a	1×10^0	8×10^{-1}	1×10^1	1×10^6
Pt – 191	4×10^0	3×10^0	1×10^2	1×10^6
Pt – 193	4×10^1	4×10^1	1×10^4	1×10^7
Pt – 193m	4×10^1	5×10^{-1}	1×10^3	1×10^6
Pt – 195m	1×10^1	5×10^{-1}	1×10^2	1×10^6
Pt – 197	2×10^1	6×10^{-1}	1×10^3	1×10^6
Pt – 197m	1×10^1	6×10^{-1}	1×10^2	1×10^6
钚［Pu（94）］				
Pu – 236	3×10^1	3×10^{-3}	1×10^1	1×10^4
Pu – 237	2×10^1	2×10^1	1×10^3	1×10^7
Pu – 238	1×10^1	1×10^{-3}	1×10^0	1×10^4
Pu – 239	1×10^1	1×10^{-3}	1×10^0	1×10^4

放射性核素 （原子序数）	A_1 TBq	A_2 TBq	豁免物品的放射 性比活度 Bq/g	一件托运货物的豁免放 射性活度限值 Bq
Pu－240	1×10^1	1×10^{-3}	1×10^0	1×10^3
Pu－241^a	4×10^1	6×10^{-2}	1×10^2	1×10^5
Pu－242	1×10^1	1×10^{-3}	1×10^0	1×10^4
Pu－244^a	4×10^{-1}	1×10^{-3}	1×10^0	1×10^4
镭［Ra（88）］				
Ra－223^a	4×10^{-1}	7×10^{-3}	$1 \times 10^{2(b)}$	$1 \times 10^{5(b)}$
Ra－224^a	4×10^{-1}	2×10^{-2}	$1 \times 10^{1(b)}$	$1 \times 10^{5(b)}$
Ra－225^a	2×10^{-1}	4×10^{-3}	1×10^2	1×10^5
Ra－226^a	2×10^{-1}	3×10^{-3}	$1 \times 10^{1(b)}$	$1 \times 10^{4(b)}$
Ra－228^a	6×10^{-1}	2×10^{-2}	$1 \times 10^{1(b)}$	$1 \times 10^{5(b)}$
铷［Rb（37）］				
Rb－81	2×10^0	8×10^{-1}	1×10^1	1×10^6
Rb－83^a	2×10^0	2×10^0	1×10^2	1×10^6
Rb－84	1×10^0	1×10^0	1×10^2	1×10^6
Rb－86	5×10^{-1}	5×10^{-1}	1×10^2	1×10^5
Rb－87	不限	不限	1×10^4	1×10^7
Rb（天然）	不限	不限	1×10^4	1×10^7
铼［Re（75）］				
Re－184	1×10^0	1×10^0	1×10^1	1×10^6
Re－184m	3×10^0	1×10^0	1×10^2	1×10^6
Re－186	2×10^0	6×10^{-1}	1×10^3	1×10^6
Re－187	不限	不限	1×10^6	1×10^9
Re－188	4×10^{-1}	4×10^{-1}	1×10^2	1×10^5
Re－189^a	3×10^0	6×10^{-1}	1×10^2	1×10^6
Re（天然）	不限	不限	1×10^6	1×10^9

放射性核素 （原子序数）	A_1 TBq	A_2 TBq	豁免物品的放射 性比活度 Bq/g	一件托运货物的豁免放 射性活度限值 Bq
铑［Rh（45）］				
Rh－99	2×10^0	2×10^0	1×10^1	1×10^6
Rh－101	4×10^0	3×10^0	1×10^2	1×10^7
Rh－102	5×10^{-1}	5×10^{-1}	1×10^1	1×10^6
Rh－102m	2×10^0	2×10^0	1×10^2	1×10^6
Rh－103m	4×10^1	4×10^1	1×10^4	1×10^8
Rh－105	1×10^1	8×10^{-1}	1×10^2	1×10^7
氡［Rn（86）］				
Rn－222[a]	3×10^{-1}	4×10^{-3}	$1 \times 10^{1(b)}$	$1 \times 10^{8(b)}$
钌［Ru（44）］				
Ru－97	5×10^0	5×10^0	1×10^2	1×10^7
Ru－103[a]	2×10^0	2×10^0	1×10^2	1×10^6
Ru－105	1×10^0	6×10^{-1}	1×10^1	1×10^6
Ru－106[a]	2×10^{-1}	2×10^{-1}	$1 \times 10^{2(b)}$	$1 \times 10^{5(b)}$
硫［S（16）］				
S－35	4×10^1	3×10^0	1×10^5	1×10^8
锑［Sb（51）］				
Sb－122	4×10^{-1}	4×10^{-1}	1×10^2	1×10^4
Sb－124	6×10^{-1}	6×10^{-1}	1×10^1	1×10^6
Sb－125	2×10^0	1×10^0	1×10^2	1×10^6
Sb－126	4×10^{-1}	4×10^{-1}	1×10^1	1×10^5
钪［Sc（21）］				
Sc－44	5×10^{-1}	5×10^{-1}	1×10^1	1×10^5
Sc－46	5×10^{-1}	5×10^{-1}	1×10^1	1×10^6
Sc－47	1×10^1	7×10^{-1}	1×10^2	1×10^6
Sc－48	3×10^{-1}	3×10^{-1}	1×10^1	1×10^5

放射性核素 （原子序数）	A_1 TBq	A_2 TBq	豁免物品的放射 性比活度 Bq/g	一件托运货物的豁免放 射性活度限值 Bq
硒［Se（34）］				
Se – 75	3×10^0	3×10^0	1×10^2	1×10^6
Se – 79	4×10^1	2×10^0	1×10^4	1×10^7
硅［Si（14）］				
Si – 31	6×10^{-1}	6×10^{-1}	1×10^3	1×10^6
Si – 32	4×10^1	5×10^{-1}	1×10^3	1×10^6
钐［Sm（62）］				
Sm – 145	1×10^1	1×10^1	1×10^2	1×10^7
Sm – 147	不限	不限	1×10^1	1×10^4
Sm – 151	4×10^1	1×10^1	1×10^4	1×10^8
Sm – 153	9×10^0	6×10^{-1}	1×10^2	1×10^6
锡［Sn（50）］				
Sn – 113[a]	4×10^0	2×10^0	1×10^3	1×10^7
Sn – 117m	7×10^0	4×10^{-1}	1×10^2	1×10^6
Sn – 119m	4×10^1	3×10^1	1×10^3	1×10^7
Sn – 121m[a]	4×10^1	9×10^{-1}	1×10^3	1×10^7
Sn – 123	8×10^{-1}	6×10^{-1}	1×10^3	1×10^6
Sn – 125	4×10^{-1}	4×10^{-1}	1×10^2	1×10^5
Sn – 126[a]	6×10^{-1}	4×10^{-1}	1×10^1	1×10^5
锶［Sr（38）］				
Sr – 82[a]	2×10^{-1}	2×10^{-1}	1×10^1	1×10^5
Sr – 85	2×10^0	2×10^0	1×10^2	1×10^6
Sr – 85m	5×10^0	5×10^0	1×10^2	1×10^7
Sr – 87m	3×10^0	3×10^0	1×10^2	1×10^6
Sr – 89	6×10^{-1}	6×10^{-1}	1×10^3	1×10^6
Sr – 90[a]	3×10^{-1}	3×10^{-1}	$1 \times 10^{2(b)}$	$1 \times 10^{4(b)}$

放射性核素 （原子序数）	A_1 TBq	A_2 TBq	豁免物品的放射 性比活度 Bq/g	一件托运货物的豁免放 射性活度限值 Bq
Sr－91[a]	3×10^{-1}	3×10^{-1}	1×10^1	1×10^5
Sr－92[a]	1×10^0	3×10^{-1}	1×10^1	1×10^6
氚［H（1）］				
T（H－3）	4×10^1	4×10^1	1×10^6	1×10^9
钽［Ta（73）］				
Ta－178（长寿命）	1×10^0	8×10^{-1}	1×10^1	1×10^6
Ta－179	3×10^1	3×10^1	1×10^3	1×10^7
Ta－182	9×10^{-1}	5×10^{-1}	1×10^1	1×10^4
铽［Tb（65）］				
Tb－157	4×10^1	4×10^1	1×10^4	1×10^7
Tb－158	1×10^0	1×10^0	1×10^1	1×10^6
Tb－160	1×10^0	6×10^{-1}	1×10^1	1×10^6
锝［Tc（43）］				
Tc－95m[a]	2×10^0	2×10^0	1×10^1	1×10^6
Tc－96	4×10^{-1}	4×10^{-1}	1×10^1	1×10^6
Tc－96m[a]	4×10^{-1}	4×10^{-1}	1×10^3	1×10^7
Tc－97	不限	不限	1×10^3	1×10^8
Tc－97m	4×10^1	1×10^0	1×10^3	1×10^7
Tc－98	8×10^{-1}	7×10^{-1}	1×10^1	1×10^6
Tc－99	4×10^1	9×10^{-1}	1×10^4	1×10^7
Tc－99m	1×10^1	4×10^0	1×10^2	1×10^7
碲［Te（52）］				
Te－121	2×10^0	2×10^0	1×10^1	1×10^6
Te－121m	5×10^0	3×10^0	1×10^2	1×10^5
Te－123m	8×10^0	1×10^0	1×10^2	1×10^7
Te－125m	2×10^1	9×10^{-1}	1×10^3	1×10^7

放射性核素 （原子序数）	A_1 TBq	A_2 TBq	豁免物品的放射性比活度 Bq/g	一件托运货物的豁免放射性活度限值 Bq
Te－127	2×10^1	7×10^{-1}	1×10^3	1×10^6
Te－127m[a]	2×10^1	5×10^{-1}	1×10^3	1×10^7
Te－129	7×10^{-1}	6×10^{-1}	1×10^2	1×10^6
Te－129m[a]	8×10^{-1}	4×10^{-1}	1×10^3	1×10^6
Te－131m[a]	7×10^{-1}	5×10^{-1}	1×10^1	1×10^6
Te－132[a]	5×10^{-1}	4×10^{-1}	1×10^2	1×10^7
钍［Th（90）］				
Th－227	1×10^1	5×10^{-3}	1×10^1	1×10^4
Th－228[a]	5×10^{-1}	1×10^{-3}	$1 \times 10^{0(b)}$	$1 \times 10^{4(b)}$
Th－229	5×10^0	5×10^{-4}	$1 \times 10^{0(b)}$	$1 \times 10^{3(b)}$
Th－230	1×10^1	1×10^{-3}	1×10^0	1×10^4
Th－231	4×10^1	2×10^{-2}	1×10^3	1×10^7
Th－232	不限	不限	1×10^1	1×10^4
Th－234[a]	3×10^{-1}	3×10^{-1}	$1 \times 10^{3(b)}$	$1 \times 10^{5(b)}$
Th（天然）	不限	不限	$1 \times 10^{0(b)}$	$1 \times 10^{3(b)}$
钛［Ti（22）］				
Ti－44[a]	5×10^{-1}	4×10^{-1}	1×10^1	1×10^5
铊［Tl（81）］				
Tl－200	9×10^{-1}	9×10^{-1}	1×10^1	1×10^6
Tl－201	1×10^1	4×10^0	1×10^2	1×10^6
Tl－202	2×10^0	2×10^0	1×10^2	1×10^6
Tl－204	1×10^1	7×10^{-1}	1×10^4	1×10^4
铥［Tm（69）］				
Tm－167	7×10^0	8×10^{-1}	1×10^2	1×10^6
Tm－170	3×10^0	6×10^{-1}	1×10^3	1×10^6
Tm－171	4×10^1	4×10^1	1×10^4	1×10^8

放射性核素 （原子序数）	A_1 TBq	A_2 TBq	豁免物品的放射性比活度 Bq/g	一件托运货物的豁免放射性活度限值 Bq
铀〔U（92）〕				
U－230（肺部快速吸收）[a,d]	4×10^1	1×10^{-1}	$1 \times 10^{1(b)}$	$1 \times 10^{5(b)}$
U－230（肺部中速吸收）[a,e]	4×10^1	4×10^{-3}	1×10^1	1×10^4
U－230（肺部慢速吸收）[a,f]	3×10^1	3×10^{-3}	1×10^1	1×10^4
U－232（肺部快速吸收）[d]	4×10^1	1×10^{-2}	$1 \times 10^{0(b)}$	$1 \times 10^{3(b)}$
U－232（肺部中速吸收）[e]	4×10^1	7×10^{-3}	1×10^1	1×10^4
U－232（肺部慢速吸收）[f]	1×10^1	1×10^{-3}	1×10^1	1×10^4
U－233（肺部快速吸收）[d]	4×10^1	9×10^{-2}	1×10^1	1×10^4
U－233（肺部中速吸收）[e]	4×10^1	2×10^{-2}	1×10^2	1×10^5
U－233（肺部慢速吸收）[f]	4×10^1	6×10^{-3}	1×10^1	1×10^5
U－234（肺部快速吸收）[d]	4×10^1	9×10^{-2}	1×10^1	1×10^4
U－234（肺部快速吸收）[e]	4×10^1	2×10^{-2}	1×10^2	1×10^5
U－234（肺部慢速吸收）[f]	4×10^1	6×10^{-3}	1×10^1	1×10^5
U－235（肺部三种速度吸收）[a,d,e,f]	不限	不限	$1 \times 10^{1(b)}$	$1 \times 10^{4(b)}$

放射性核素（原子序数）	A_1 TBq	A_2 TBq	豁免物品的放射性比活度 Bq/g	一件托运货物的豁免放射性活度限值 Bq
U－236（肺部快速吸收）[d]	不限	不限	1×10^1	1×10^4
U－236（肺部中速吸收）[e]	4×10^1	2×10^{-2}	1×10^2	1×10^5
U－236（肺部慢速吸收）[f]	4×10^1	6×10^{-3}	1×10^1	1×10^4
U－238（肺部三种速度吸收）[d,e,f]	不限	不限	$1 \times 10^{1(b)}$	$1 \times 10^{4(b)}$
U（天然）	不限	不限	$1 \times 10^{0(b)}$	$1 \times 10^{3(b)}$
U（富集度达到或少于20%）[g]	不限	不限	1×10^0	1×10^3
U（贫化）	不限	不限	1×10^0	1×10^3
钒［V（23）］				
V－48	4×10^{-1}	4×10^{-1}	1×10^1	1×10^5
V－49	4×10^1	4×10^1	1×10^4	1×10^7
钨［W（74）］				
W－178[a]	9×10^0	5×10^0	1×10^1	1×10^6
W－181	3×10^1	3×10^1	1×10^3	1×10^7
W－185	4×10^1	8×10^{-1}	1×10^4	1×10^7
W－187	2×10^0	6×10^{-1}	1×10^2	1×10^6
W－188[a]	4×10^{-1}	3×10^{-1}	1×10^2	1×10^5

放射性核素 （原子序数）	A_1 TBq	A_2 TBq	豁免物品的放射 性比活度 Bq/g	一件托运货物的豁免放 射性活度限值 Bq
氙［Xe（54）］				
Xe – 122^a	4×10^{-1}	4×10^{-1}	1×10^2	1×10^9
Xe – 123	2×10^0	7×10^{-1}	1×10^2	1×10^9
Xe – 127	4×10^0	2×10^0	1×10^3	1×10^5
Xe – 131m	4×10^1	4×10^1	1×10^4	1×10^4
Xe – 133	2×10^1	1×10^1	1×10^3	1×10^4
Xe – 135	3×10^0	2×10^0	1×10^3	1×10^{10}
钇［Y（39）］				
Y – 87^a	1×10^0	1×10^0	1×10^1	1×10^6
Y – 88	4×10^{-1}	4×10^{-1}	1×10^1	1×10^6
Y – 90	3×10^{-1}	3×10^{-1}	1×10^3	1×10^5
Y – 91	6×10^{-1}	6×10^{-1}	1×10^3	1×10^6
Y – 91m	2×10^0	2×10^0	1×10^2	1×10^6
Y – 92	2×10^{-1}	2×10^{-1}	1×10^2	1×10^5
Y – 93	3×10^{-1}	3×10^{-1}	1×10^2	1×10^5
镱［Yb（70）］				
Yb – 169	4×10^0	1×10^0	1×10^2	1×10^7
Yb – 175	3×10^1	9×10^{-1}	1×10^3	1×10^7
锌［Zn（30）］				
Zn – 65	2×10^0	2×10^0	1×10^1	1×10^6
Zn – 69	3×10^0	6×10^{-1}	1×10^4	1×10^6
Zn – 69m^a	3×10^0	6×10^{-1}	1×10^2	1×10^6
锆［Zr（40）］				
Zr – 88	3×10^0	3×10^0	1×10^2	1×10^6
Zr – 93	不限	不限	$1 \times 10^{3(b)}$	$1 \times 10^{7(b)}$
Zr – 95^a	2×10^0	8×10^{-1}	1×10^1	1×10^6
Zr – 97^a	4×10^{-1}	4×10^{-1}	$1 \times 10^{1(b)}$	$1 \times 10^{5(b)}$

ᵃ A₁ 和/或 A₂ 值包括半衰期小于 10 天的子核素的贡献。

ᵇ 处于长期平衡态的母核素及其子体如下：

Sr – 90	Y – 90
Zr – 93	Nb – 93m
Zr – 97	Nb – 97
Ru – 106	Rh – 106
Cs – 137	Ba – 137m
Ce – 134	La – 134
Ce – 144	Pr – 144
Ba – 140	La – 140
Bi – 212	Tl – 208（0.36），Po – 212（0.64）
Pb – 210	Bi – 210，Po – 210
Pb – 212	Bi – 212，Tl – 208（0.36），Po – 212（0.64）
Rn – 220	Po – 216
Rn – 222	Po – 218，Pb – 214，Bi – 214，Po – 214
Ra – 223	Rn – 219，Po – 215，Pb – 211，Bi – 211，Tl – 207
Ra – 224	Rn – 220，Po – 216，Pb – 212，Bi – 212，Tl – 208（0.36），Po – 212（0.64）
Ra – 226	Rn – 222，Po – 218，Pb – 214，Bi – 214，Po – 214，Pb – 210，Bi – 210，Po – 210
Ra – 228	Ac – 228
Th – 226	Ra – 222，Rn – 218，Po – 214
Th – 228	Ra – 224，Rn – 220，Po – 216，Pb – 212，Bi – 212，Tl – 208（0.36），Po – 212（0.64）
Th – 229	Ra – 225，Ac – 225，Fr – 221，At – 217，Bi – 213，Po – 213，Pb – 209
Th – 天然	Ra – 228，Ac – 228，Th – 228，Ra – 224，Rn – 220，Po – 216，Pb – 212，Bi – 212，Tl – 208（0.36），Po – 212（0.64）

表二（续）

Th－234	Pa－234m
U－230	Th－226，Ra－222，Rn－218，Po－214
U－232	Th－228，Ra－224，Rn－220，Po－216，Pb－212，Bi－212，Tl－208（0.36），Po－212（0.64）
U－235	Th－231
U－238	Th－234，Pa－234m
U－天然	Th－234，Pa－234m，U－234，Th－230，Ra－226，Rn－222，Po－218，Pb－214，Bi－214，Po－214，Pb－210，Bi－210，Po－210
U－240	Np－240m
Np－237	Pa－233
Am－242m	Am－242
Am－243	Np－239

ᶜ该量可用测量衰变率确定或用测量在距源表面规定的距离处的辐射水平确定。

ᵈ这些值仅适用于处于运输的正常条件和事故条件下化学形态为 UF_6、UO_2F_2 和 $UO_2(NO_3)_3$ 的铀化合物。

ᵉ这些值仅适用于处于运输的正常条件和事故条件下化学形态为 UO_3、UF_4、UCl_4 的铀化合物和六价化合物。

ᶠ这些值适用于除上述 d 和 e 所述化合物外的所有铀化合物。

ᵍ这些值仅适用于未受辐照的铀。

表三　未知放射性核素或混合物的放射性核素的基本限值

放射性内容物	A_1 TBq	A_2 TBq	豁免物品的放射性比活度 Bq/g	一件托运货物的豁免放射性活度限值 Bq/托运物
已知含有仅发射 β 或 γ 的核素	0.1	0.02	1×10^1	1×10^4
已知含有仅发射 α 的核素	0.2	9×10^{-5}	1×10^{-1}	1×10^3
无有关数据可用	0.001	9×10^{-5}	1×10^{-1}	1×10^3

表四　例外货包的放射性活度限值

内容物的物理状态	仪器或制品		放射性物品
	物项限值	货包限值	货包限值
固态：特殊形式	$10^{-2}A_1$	A_1	$10^{-3}A_1$
其他形式	$10^{-2}A_2$	A_2	$10^{-3}A_2$
液态	$10^{-3}A_2$	$10^{-1}A_2$	$10^{-4}A_2$
气态：氚	$2 \times 10^{-2}A_2$	$2 \times 10^{-1}A_2$	$2 \times 10^{-2}A_2$
特殊形式	$10^{-3}A_1$	$10^{-2}A_1$	$10^{-3}A_1$
其他形式	$10^{-3}A_2$	$10^{-2}A_2$	$10^{-3}A_2$

核安全导则 HAD701 - 01

放射性物品运输容器设计安全评价（分析）报告的标准格式和内容

（2010 年 5 月 31 日国家核安全局批准发布）

本导则自 2010 年 5 月 31 日起实施

本导则由国家核安全局负责解释

　　本导则是指导性文件。在实际工作中可以采用不同于本导则的方法和方案，但必须证明所采用的方法和方案至少具有与本导则相同的安全水平。

前　言

　　国家核安全局自 1984 年 10 月成立后已陆续发布了一批核安全法规（条例、规定和实施细则）和导则。核安全法规是强制性的法律文件。核安全导则是指导性文件，是法规的说明和补充。核安全法规和导则中规定了核安全监督管理制度，提出了核安全的基本要求以及建议采用的方法和程序，但在实际执行中还需要有更具体的技术上的指导。

　　本导则根据我国 2004 年发布的 GB 11806 – 2004《放射性物质安全运输规程》，以美国核管会管理导则 RG 7.9 – 2005 "STANDARD FORMAT AND CONTENT OF PART 71 APPLICATIONS FOR APPROVAL OF PACKAGES FOR RADIOACTIVE MATERIAL" 的第二版为蓝本编译而成。本导则包括正文和附件两部分，正文部分为申请者编制一类放射性物品运输容器设计安全评价报告书提供了统一的格式和内容要求；附件 I 为申请者编制二类放射性物品运输容器设计安全评价报告表提供了统一的格式和内容要求。

　　本导则由国家核安全局委托机械科学研究总院核设备安全与可靠性中心负责编译，并通过专家审定。对专家提出的宝贵意见，在此表示感谢。由于编译时间仓促，如有不妥或错误之处，请予指正。

目　录

4. 包容

4.1 包容系统的描述

4.2 正常运输条件下的包容

4.3 运输事故条件下的包容

4.4 B 型货包的泄漏率试验

5. 屏蔽评价

5.1 屏蔽设计的描述

5.2 源项描述

5.3 屏蔽模型

5.4 屏蔽评价

6. 临界评价

6.1 核临界安全设计描述

6.2 易裂变材料特性参数

6.3 一般问题

6.4 单个货包评价

6.5 正常运输条件下货包阵列评价

6.6 运输事故条件下货包阵列评价

6.7 易裂变材料空运货包

6.8 基准评价

7. 货包操作规程

7.1 装载

7.2 卸载规程

7.3 空货包的运输准备

7.4 其他规程

8. 验收试验和维修大纲

  8.1 验收试验

  8.2 维修大纲

9. 附录

附件 I：放射性物品运输容器设计安全评价报告表

1. 概述

放射性物品运输容器应结合拟装载的内容物特性进行相关描述。运输容器和内容物以下统称"货包"，本节应对货包进行总体介绍。

1.1 引言

明确货包的使用目的、类型、运输指数和临界安全指数等。

1.2 货包描述

1.2.1 运输容器

运输容器的一般描述应包括总体尺寸、重量、包容特征、屏蔽特征、临界控制特征、结构特征、传热特征和标记等信息。

1.2.2 内容物

指明要运输的放射性物品的特性，应包括放射性物品的名称、最大装载量、化学和物理形态、内容物的位置和结构、最大衰变热等信息。

1.2.3 钚的特殊要求

对于含钚量超过 0.74TBq（20Ci）的货包，应明确内容物必须呈固态形式。

1.2.4 操作部件

对复杂货包系统，应说明货包操作部件，包括各种阀门、连接件、管道、孔口、密封件、包容边界等的简图。

2. 结构评价

描述、分析和确定对安全重要的运输容器、部件和系统的主要结构设计。另外，应描述货包满足相关法规标准的要求。

2.1 结构设计的描述

2.1.1 概述

确定对货包安全操作起重要作用的主要构件和系统，注明它们在图中的位置，讨论它们的结构设计和性能。

2.1.2 设计准则

描述作为设计准则的载荷组合和载荷系数。每个设计准则都应说明最大许用应力和应变。描述如何考虑其他结构失效模式，应该包括冲击评价所用准则。明确用于确定材料性质、设计极限，或载荷和应力组合方法的标准规范。

2.1.3 重量和重心

列表给出重要部件的重量。确定货包的重心和申请书中提到的其他物件的重心，用简图或示意图标出重要部件及确定其重心的参考点。

2.1.4 货包设计标准规范的确定

确定货包设计、制造、试验、维修和使用中采用的已有标准规范。

2.2 材料

2.2.1 材料性能和规格

列出结构评价中使用的所有材料的机械性能，包括屈服强度、抗拉强度、弹性模量、极限应变、泊松比、密度和热膨胀系数等。如果使用减震器，还应包括材料的压缩应力－应变曲线或减震器的力－变形关系。

2.2.2 化学、电化学或其他反应

描述运输容器部件之间或运输容器和内容物之间可能产生的化学、电化学反应或其他反应，以及防止明显反应的方法。

2.2.3 辐照对材料的影响

描述辐照对运输容器材料的任何老化或损伤效应，包括密封及密封材料、表面涂层、粘合剂和结构材料性能的退化。

2.3 制造和检验

2.3.1 制造

描述货包的制造工艺，如装配、定位、焊接及铜焊（钎焊）、热处理、发泡和灌铅。制造技术要求应满足相应的标准规范，并且在工程图纸上清楚地写明。

2.3.2 检验

描述制造验收的方法和标准。对于没有适用的法规和标准的部件，应在"验收试验和维修程序"中总结检验方法和验收准则。

2.4 货包的一般要求

2.4.1 最小货包尺寸

明确货包的最小尺寸，不应小于10cm。

2.4.2 防意外开启的指示装置

详细地描述货包封闭系统，包括防意外开启的指示装置和位置等，说明它不可能被误开启。当指示装置完好无损时，证明未经授权的人没开启过货包。

2.4.3 维持封闭

详细描述封闭系统组件，以说明它不能被误开启。描述应包括盖子、阀门或在正常运输过程中任何其他必须被封闭的通道。

2.5 货包的提升和栓系准则

2.5.1 提升装置

提供表明它们结构和位置的示意图，明确用于提升货包或盖子的所有装置及附件，并通过试验或分析说明这些装置符合国家核安全局认可的相关要求。

2.5.2 栓系装置

提供表明总体栓系和单独装置的结构和位置示意图，应用试验或分析说明这些装置符合国家核安全局认可的相关要求。确定外力对货包重要部件的影响，包括栓系装置和货包其他表面的影响。

2.6 正常运输条件

在正常运输条件下，可采用试验或分析或两者结合的方式来进行货包的结构评价。货包结构评价描述中，应清楚地说明已考虑了极限初始试验条件和最大的损坏方向，评价方法适宜且得到正确的应用。评价货包的性能满足《放射性物质安全运输规程》GB11806 - 2004（以下简称《规程》）

中的要求。

2.6.1 受热

在"热评价"中，应对受热试验所做的热评价进行描述，热评价的结果应作为以下分析中的输入。

2.6.1.1 压力和温度汇总

汇总热评价（第三章）中确定的所有压力和温度，并运用于 2.6.1.2 – 2.6.1.4 中的计算。

2.6.1.2 不均匀热膨胀

提交计算不均匀热膨胀所引起的周向及轴向变形和应力（如果有）的结果。考虑稳态和瞬态条件，计算必须足够全面地论证正常运输条件下货包的完好性。

2.6.1.3 应力计算

应提供相应的应力计算结果，并标出应力计算点的位置。

2.6.1.4 与许用应力比较

选择合适的应力组合并同设计准则进行比较，说明满足相关要求。

2.6.2 受冷

在"热评价"中，应对受冷条件下所做的热评价进行描述。评价受冷条件对货包的影响，包括材料的性能和液体结冻的可能性及这种条件下的铅收缩。确定货包重要部件的温度及其对货包操作的影响。

2.6.3 外压的减小

评价外压为 25 kPa（绝对压力）时对货包的影响。评价应包括货包内外及包容系统内外的最大压差，并且评价这种条件与最大正常工作压力组合的工况。

2.6.4 外压的增加

评价外压为 140 kPa（绝对压力）时对货包的影响。评价应包括货包内外及包容系统内外的最大压差，并且评价这种条件与最小内压组合的工况。

2.6.5 振动

描述正常运输条件下振动对货包的影响。应考虑振动、温度和内压载荷引起的组合应力，必要时应包括疲劳分析。

2.6.6 喷水试验

说明喷水试验对货包没有明显影响。

2.6.7 自由下落

评价自由下落对货包的影响。2.7.1 节中的概述也适合这种情况（如适用，注意自由下落试验要在喷水试验之后）。也应说明跌落方向、自由下落与内压、热/冷温度组合的影响和 2.6 节中的其他因素。

2.6.8 角下落

如适用，评价货包角下落试验对货包的影响。

2.6.9 堆积试验

除非运输容器的形状能有效地防止堆积，否则应当评价堆积试验对货包的影响。

2.6.10 贯穿

评价贯穿对货包的影响并明确货包表面最薄弱位置。

2.7 运输事故条件

说明货包在运输事故条件下符合《规程》的要求，按照下列各段内容论证。

结构评价应按规定的顺序考虑运输事故条件，另外应该考虑脆性断裂，对下面假想事故试验，最低温度为 -40℃。

2.7.1 自由下落

评价货包的自由下落试验。必须说明在引起最严重损坏方向下落时货包的性能及结构完好性，包括过重心角下落，有二次撞击的倾斜下落，水平下落和端部下落。还应考虑通过碰撞点的重心方向。不同系统和部件最严重损坏的方向可能不同，因此通常需要考虑几个方向的下落。

2.7.1.1 端部下落

描述端部下落试验对货包的影响。

2.7.1.2 水平下落

描述水平下落试验对货包的影响。

2.7.1.3 顶角下落

描述顶角下落试验对货包的影响。

2.7.1.4 倾斜下落

描述倾斜下落试验对货包的影响。或提供资料说明端部、水平和顶角下落对安全重要的所有系统和部件的损坏性比该项试验的更大。

2.7.1.5 结果汇总

描述每种下落试验后货包的状态，货包在每种情况下的损坏程度。

2.7.2 压碎试验

如适用，描述动态压碎试验对货包的影响。

2.7.3 击穿

描述击穿对货包的影响，确定并证明已评价最大破坏的方向。

2.7.4 耐热试验

耐热试验应在力学试验之后进行，并在"热评价"中描述。必须将自由下落、压碎和贯穿对货包造成的任何损坏作为货包耐热试验的初始条件。在确定试验期间或之后货包内最大压力时，应考虑火烧导致的温度上升和由于燃烧和热解导致的气体量增加。评价可能出现在火烧过程中或火烧后的最大热应力。

2.7.4.1 温度和压力的汇总

总结热评价中确定的所有温度和压力。

2.7.4.2 应力计算

计算由热梯度、不均匀热膨胀、压力及其他机械载荷引起的应力。

2.7.4.3 与许用应力的比较

选择合适的应力组合，并将所得应力与评价报告中的设计准则比较。

2.7.5 水浸没－易裂变材料

如果含有易裂变材料的内容物满足《规程》的要求并且在临界分析中没有假设有水渗入，那么应评价水浸没试验的影响和结果。试验应考虑对已损试样以预期产生最大泄漏的状态浸没在水深至少 0.9m 的情况。

2.7.6 水浸没试验－所有货包

对一个未损试样经受相当于浸没在水深至少 15m 持续 8h 的水压试验所作的评价。出于验证目的，外部表压 150kPa 也认为满足这些条件。

2.7.7 强化水浸没试验（以内容物大于 10^5A_2 的 B 型货包及 C 型货包）

根据《规程》，对货包在外压为 2MPa，持续时间不小于 1h 条件下进行评价。

2.7.8 损坏汇总

总结货包在系列事故试验后的状态，概括对安全重要的系统和部件损坏程度及相关的验收准则。

2.8 钚空运的事故条件

如适用，说明钚空运的事故条件。

2.9 易裂变材料货包空运的事故条件

如适用，说明易裂变材料货包空运的事故条件。

2.10 特殊形式

货包的内容物为特殊形式放射性物品，说明内容物满足《规程》中特殊形式放射性物品试验的要求。描述物理和化学形态，如果放射源不是双重密封的直立圆柱状焊接结构，应提供表明密封尺寸、材料、制造方法、无损检验方法的图纸。

2.11 燃料棒

在"包容"中将燃料棒包壳视为正常或事故试验条件下放射性物品的包容层。提供分析或试验结果说明包壳能够保持机械完好性。

3. 热评价

描述、讨论、分析和确定对安全重要的运输容器、部件和系统的主要热工设计，并说明货包性能要求的符合情况。

3.1 热工设计描述

描述对热工重要的设计特性，包括所有的子系统。明确用于热结果评价的准则，概述热分析或试验的重要结果。阐明在热评价中假设的最小和最大衰变热负荷。假设的最大衰变热负荷应与屏蔽和包容分析中假设的源项一致。

3.1.1 设计特性

描述对货包热性能重要的设计特性，应包括货包结构、材料和机械特性等。

3.1.2 内容物的衰变热

详细说明内容物的最大衰变热和放射性活度。应说明衰变热的来源，与放射性内容物的最大量相一致。

3.1.3 温度汇总表

列出在正常运输条件和运输事故条件下影响结构完好性、包容、屏蔽和临界的最高或最低温度的汇总表。

3.1.4 最大压力汇总表

此汇总表应包括最大正常工作压力和运输事故条件下的最大压力。

3.2 材料性能和部件的技术规范

3.2.1 材料性能

详细说明影响货包内部及货包到环境间热传递材料的相关热性能。热吸收率和发射率适用于货包的表面条件及各热工况条件。当性能为单一值时，评价应表明该值包络了与温度有关的等效特性。

3.2.2 部件的技术规范

应明确对货包热性能起重要作用的部件技术规范。

3.3 正常运输条件下的热评价

描述在正常运输条件下系统和子系统操作的热评价。温度范围应包含最高、最低环境温度，并考虑了最大、最小衰变热载。将货包部件的温度、压力等结果与许用限值进行比较。

3.3.1 受热和受冷

证明在正常运输条件下，试验不会显著降低运输容器的有效性。部件的温度和压力应与许用值比较，并明确说明货包符合《规程》中的最高表面温度的要求。

3.3.2 最大正常工作压力

假设货包在热条件下存放 1 年，给出货包的最大正常工作压力，并说明如何计算。证明氢或其他可燃气体在运输容器中任何有限的空间都不会产生可燃的混合物。

3.4 运输事故条件下的热评价

描述货包在运输事故条件下的热评价。《规程》中规定了运输事故条件，运输事故条件要按顺序应用。对于事故条件下的热评价，根据情况应考虑和说明 3.3 节中提到的基本资料。

3.4.1 初始条件

热评价应考虑力学试验对货包的影响。确定初始条件，证明它们是最不利的，包括初始环境温度、曝晒、内部压力和衰变热等。

3.4.2　耐热试验条件

详细描述评价货包在火烧条件下的分析或试验。

3.4.3　最高温度和压力

描述火烧中、火烧后作为时间函数的货包部件的瞬态峰值温度和火烧试验后稳态条件下的最高温度。货包的最大压力评价应基于最大正常工作压力，并考虑火烧诱发的货包温度的增加、热燃烧或分解、燃料棒的破损、相变等因素。

给出货包性能的基本描述以及货包部件耐热试验的温度、压力等与许用限值的对比结果。无论基于分析或试验，都应考虑并描述货包的破坏。评价应包括结构损坏，包容破坏和屏蔽层丧失。

3.4.4　最大热应力

评价火烧试验和其后冷却所导致的最严重的热应力条件，说明与最大热应力对应的温度值。

3.4.5　空运易裂变材料包的事故条件

如适用，应说明空运易裂变材料货包的事故条件。

4.　包容

明确货包的包容系统，描述货包如何满足《规程》中包容的要求。

4.1　包容系统述描

应明确货包的包容边界。如果密封部件采用多重密封，应明确给出属于包容系统的密封。另外，还应包括包容系统的草图。

4.2 正常运输条件下的包容

包括正常运输条件下包容系统的评价。对于易裂变材料A型货包，应说明在正常运输条件下放射性物品没有损失或扩散。对于B型货包，评价应说明在正常运输条件下释放低于最大允许释放率。

4.3 运输事故条件下的包容

包括运输事故条件下包容系统的评价，应考虑4.2节给出的因素。应证明货包符合在运输事故条件下的包容要求。特别要说明包容系统的结构性能，包括密封件、闭合螺栓、贯穿件及包容系统的泄漏试验。

4.4 B型货包的泄漏率试验

描述泄漏率试验以表明货包满足《规程》中的包容要求。包括试验单元的泄漏试验、最新制造的运输容器、定期试验和装运前试验。

5. 屏蔽评价

描述、讨论、分析和确定对安全重要的运输容器、部件和系统的主要屏蔽设计。

5.1 屏蔽设计工描述

5.1.1 设计特征

描述货包的辐射屏蔽设计特征，包括尺寸、公差、结构材料，以及中子和 γ 屏蔽材料的密度。

5.1.2 最大辐射水平汇总表

根据实际情况，给出在正常运输和运输事故条件下，非独家使用装运或独家使用装运特定位置处的最大辐射水平。

表 5 – 1 给出了汇总表实例。

表　5 – 1 给出了汇总表实例（非独家使用）

		货包表面剂量率 mSv/h			离货包外表面 1m 处剂量率 mSv/h		
		侧面	顶部	底部	侧面	顶部	底部
正常条件	γ						
	中子						
	总量						
限值							
运输事故条件	γ						
	中子						
	总量						
限值							

5.2 源项描述

描述内容物以及屏蔽分析中采用的 γ 和中子源项。对用于运输乏燃料的货包，还应说明燃料组件的最大平均燃耗、功率密度及冷却时间。

5.2.1 γ 源

详细说明包括内容物在内的放射性物品的数量，列出作为光子能量函数的 γ 源强度（MeV/s 和光子/s）。应详细描述用于确定 γ 源强度和分布的方法。

5.2.2 中子源

详细说明包括内容物在内的放射性物品的数量，列出作为能量函数的中子源强度（n/s），详细描述用于确定中子源强度和分布的方法。

5.3 屏蔽模型

5.3.1 源和屏蔽的构型

详细描述屏蔽评价时所用的模型。应评价在正常和假想事故运输条件下试验对运输容器和内容物的影响。另外，应明确指出正常运输和运输事故条件下模型之间的差异。

5.3.2 材料特性

描述运输容器和内容物屏蔽模型中所用的材料特性（质量密度和原子密度）。

5.4 屏蔽评价

5.4.1 评价方法

概述正常运输和运输事故条件下确定货包外选定位置处γ和中子剂量率所采用的基本方法。

5.4.2 输入和输出数据

确定屏蔽计算的关键输入数据，表明屏蔽模型信息被适当地输入到程序中。

5.4.3 注量率-剂量率转换因子

列表给出作为能量函数的注量率-剂量率转换因子，并引用适当的参考文献作为支持。

5.4.4 外部辐射水平

详细描述辐射分析的结果，并与前述辐射水平汇总表一致。标出分析得到的辐射剂量率最大的位置，并提供充分的数据证明该位置处的辐射水平是合理的，并且辐射水平随位置的变化与货包的几何形状和屏蔽特性一致。分析结果应关注正常和运输事故条件。

6. 临界评价

描述、讨论、分析和确定对安全有重要影响的货包、部件和系统的主要临界安全设计。

6.1 核临界安全设计描述

6.1.1 设计特征

描述对临界控制至关重要的货包设计特征，包括易裂变材料的密封系统、中子吸收和慢化材料、通量阱、定距装置等。

6.1.2 临界评价界汇总表

给出 6.4 – 6.6 节所分析工况下的货包临界安全分析结果汇总表。该表中应列出有效增值因子（keff）的最大值、不确定度、偏倚以及该阵列中评价的货包数。

6.1.3 临界安全指数

给出基于所评价阵列中货包数的临界安全指数（CSI），并阐述其计算条件。

6.2 易裂变材料特性参数

详细说明货包中易裂变材料，包括质量、尺寸、富集度、物理和化学特性、密度、水含量和其他应定义的特性。

6.3 一般问题

阐述货包临界评价的一般问题，可以适用于正常运输和运输事故条件下单个货包和货包阵列的临界评价。

6.3.1 计算模型

描述计算模型并给出相应计算建模图。另外，应明确指出正常运输和运输事故条件下模型之间的差异。

6.3.2 材料特性

给出运输容器和内容物模型中所用材料的质量密度和核素密度。应明确指出正常和假想事故运输条件的差别。

6.3.3 计算程序和截面库

描述计算货包的中子有效增值因子所用的基本方法。

6.3.4 最大反应性的论证

包括如 6.4 - 6.6 节所述的各种情况下最大反应性配置的评价。明确指出所有的假设和近似，并论证其合理性。

6.4 单个货包评价

6.4.1 构型

证明在正常和事故运输条件下单个货包都处于次临界状态。

6.4.2 评价结果

给出单个货包的评价结果。

6.5 正常运输条件下货包阵列评价

6.5.1 构型

评价正常运输条件下 5N 个货包的阵列。

6.5.2 评价结果

给出阵列分析结果，并确定最大反应性阵列的条件。

6.6 运输事故条件下货包阵列评价

6.6.1 构型

评价运输事故条件下 2N 个货包的阵列。

6.6.2 评价结果

给出货包阵列的分析结果，并确定最大反应性的阵列条件。

6.7 易裂变材料空运货包

6.7.1 构型

对扩展事故条件下的易裂变材料空运单个货包进行评价，并考虑扩展事故条件下运输容器和内容物的最大反应性构型、水的全反射、无水渗入等因素。

6.7.2 评价结果

给出单个货包的分析结果，并确定运输容器和内容物的最大反应性的条件。

6.8 基准评价

给出临界计算所用的确认方法。临界计算所用的计算程序应由临界试验来确认。在基准试验时所用的计算程序、硬件和截面库与计算有效增值因子应相同。

6.8.1 基准试验的适用性

对选定的临界基准试验进行说明，采用6.3节给定的方法和截面进行分析。应说明与货包及内容物有关的基准试验的适用性，并给出采用临界试验对计算方法确认的结果。

6.8.2 偏倚确定

给出基准计算结果和偏倚的处理方法，包括试验数据的不确定度对偏倚的影响。应给出对足够数量的适当的基准试验结果的分析，以证明基准计算结果对于评定偏倚是适用的。

7. 货包操作规程

描述装载和准备运输的操作，给出具体实施的步骤。

7.1 装载

描述货包装载的检查、试验和相关准备。检查工作应包括装载货包前确定货包未受损坏且辐射和表面污染水平在有关规定允许限值之内。

7.1.1 装载准备

装载准备至少要说明货包依照详细的书面操作程序装载和封闭，内容物符合货包批准证书的要求，货包处于完好无损状态。

7.1.2 内容物装载

内容物的装载操作规程应包括内容物装载和货包封闭。

7.1.3 运输准备

货包运输准备的操作规程应写明货包辐射水平和表面污染的测量、货包的泄漏试验、货包表面温度的测量、货包栓系以及防意外开启指示装置的应用。

7.2 卸载规程

包括货包卸载的检查、试验及特殊准备。在适当的情况下，还应描述安全清除易裂变气体、被污染的冷却剂和固体污染物的操作规程。

7.2.1 从承运方接收货包

接收货包的程序应说明辐射和污染水平的测量、防意外开启指示装置的检查、吊装和卸载的特殊要求和预防措施等。

7.2.2 内容物的移出

描述打开货包和移出内容物的适当方法和操作规程。

7.3 空货包的运输的准备

7.4 其他规程

包括任何专门的操作控制要求（例如：路线，天气，运输时间的限制等）。

8. 验收试验和维修大纲

按照《规程》描述运输容器的验收试验和维修大纲。

8.1 验收试验

8.1.1 目视检查和测量

描述每一个运输容器首次使用前的试验。描述拟实施的目视检查和每项检查的目的、验收准则以及出现不符合项时所采取的措施。检查应核实运输容器是按照图纸进行制造和装配的，并通过测量证实尺寸和公差在图示要求的范围之内。

8.1.2 焊接检查

证实制造过程中焊接满足申请书中所列图纸、法规和标准要求的检查。

8.1.3 结构和压力试验

确定并描述结构或压力试验，并详细说明试验的灵敏度和出现不符合项时应采取的措施。

8.1.4 泄漏试验

描述对容器及其辅助装置的泄漏试验。详细说明试验的灵敏度，包括灵敏度的依据、验收准则和不满足验收准则时应采取的措施。

8.1.5 部件和材料试验

详细说明影响运输容器性能的部件的适用试验和验收准则，并应描述试验证明材料能够满足工程图纸性能要求。

8.1.6 屏蔽试验

详细说明对 γ 和中子适用的屏蔽试验。这些试验和验收准则应充分保证在屏蔽层中没有缺陷、空隙等途径。

8.1.7 传热试验

详细描述证明运输容器的传热能力的适用试验。这些试验应证实在热评价中确定的传热性能已在制造中达到要求。

8.1.8 其他试验

描述运输容器在使用前的任何附加试验。

8.2 维修大纲

描述保证运输容器持续性能的维修大纲。大纲必须包括定期试验、检查、更换计划及部件和子系统在需要时更换和维修准则。

8.2.1 结构和压力试验

确定并描述定期的结构或压力试验。这些试验通常应适用于申请书中指定的规范、标准或其他程序。

8.2.2 泄漏试验

描述要求实施的试验、试验频率以及每个试验的灵敏度。一般情况下，金属密封圈应在每次装运前更换和试验。

8.2.3 部件和材料试验

描述部件的定期试验和更换计划，并详细列出部件更换的时间间隔，如对疲劳敏感的螺栓等。

8.2.4 传热试验

描述保证运输容器使用期限内传热性能的定期试验，典型的时间间隔为 5 年。

8.2.5 其他试验

描述对货包和部件定期进行的任何附加试验。

9. 附录

附录应包括运输容器的工程图纸，包括材料清单、尺寸、阀门、紧固件及焊工和焊接工艺评定要求。图纸应用正确的焊接符号详细说明运输容器焊接接头的技术要求，包括无损检测方法和验收准则。

附录也应该包括参考文献的清单、标明不常用参考文献的相应页码、特殊制造工艺的支持性资料、货包分类的确定及其他适当的补充信息。

必要时，应提供相关计算的输入/输出文件。

附件Ⅰ：
放射性物品运输容器设计安全评价报告表
表一：运输容器描述

明确运输容器的使用目的、类型、设计使用寿期等，
并对运输容器和拟装载的内容物进行相关描述。

表二：运输容器的结构简图

表三：结构评价

设计标准规范

主体材料和规格

主要的制造工艺和检验

提升和栓系装置的校核计算结果

正常运输条件下，力学评价结论或试验情况的说明。

适用时，描述运输事故条件下力学评价结论或试验情况。

表四：热评价

正常运输条件下，热评价结论，包括受热、受冷和最大正常工作压力等情况。
适用时，描述运输事故条件下热评价结论或试验情况。

表五：包容评价

包容边界的相关描述；

正常运输条件下包容系统的评价结论。

适用时，说明运输事故条件下包容系统的评价结论。

表六：屏蔽评价

		货包表面剂量率 mSv/h			离货包外表面 1m 处剂量率 mSv/h		
		侧面	顶部	底部	侧面	顶部	底部
正常条件	γ						
	中子						
	总量						
限值							
运输事故条件	γ						
	中子						
	总量						
限值							

表七：运输容器操作规程

结合运输容器结构简图，描述装载和准备运输的操作，给出具体实施的步骤。

表八：验收试验和维修大纲

明确运输容器验收试验的项目和验收准则；

维修大纲：包括定期试验、检查、更换计划及维修准则

放射性物品道路运输管理规定

（2010 年 10 月 27 日交通运输部令 2010 年第 6
号公布　自 2011 年 1 月 1 日起施行）

第一章　总　　则

第一条　为了规范放射性物品道路运输活动，保障人民
生命财产安全，保护环境，根据《道路运输条例》和《放
射性物品运输安全管理条例》，制定本规定。

第二条　从事放射性物品道路运输活动的，应当遵守本
规定。

第三条　本规定所称放射性物品，是指含有放射性核
素，并且其活度和比活度均高于国家规定的豁免值的物品。

本规定所称放射性物品道路运输专用车辆（以下简称
专用车辆），是指满足特定技术条件和要求，用于放射性物
品道路运输的载货汽车。

本规定所称放射性物品道路运输，是指使用专用车辆通
过道路运输放射性物品的作业过程。

第四条　根据放射性物品的特性及其对人体健康和环境
的潜在危害程度，将放射性物品分为一类、二类和三类。

一类放射性物品，是指Ⅰ类放射源、高水平放射性废
物、乏燃料等释放到环境后对人体健康和环境产生重大辐射
影响的放射性物品。

二类放射性物品，是指Ⅱ类和Ⅲ类放射源、中等水平放射性废物等释放到环境后对人体健康和环境产生一般辐射影响的放射性物品。

三类放射性物品，是指Ⅳ类和Ⅴ类放射源、低水平放射性废物、放射性药品等释放到环境后对人体健康和环境产生较小辐射影响的放射性物品。

放射性物品的具体分类和名录，按照国务院核安全监管部门会同国务院公安、卫生、海关、交通运输、铁路、民航、核工业行业主管部门制定的放射性物品具体分类和名录执行。

第五条　从事放射性物品道路运输应当保障安全，依法运输，诚实信用。

第六条　国务院交通运输主管部门主管全国放射性物品道路运输管理工作。

县级以上地方人民政府交通运输主管部门负责组织领导本行政区域放射性物品道路运输管理工作。

县级以上道路运输管理机构负责具体实施本行政区域放射性物品道路运输管理工作。

第二章　运输资质许可

第七条　申请从事放射性物品道路运输经营的，应当具备下列条件：

（一）有符合要求的专用车辆及设备。

1. 专用车辆技术要求。

（1）车辆技术性能符合国家标准《营运车辆综合性能要求和检验方法》（GB18565）的要求，且技术等级达到行业标准《营运车辆技术等级划分和评定要求》（JT/T198）规定的一级技术等级；

（2）车辆外廓尺寸、轴荷和质量符合国家标准《道路车辆外廓尺寸、轴荷和质量限值》（GB1589）的要求；

（3）车辆燃料消耗量符合行业标准《营运货车燃料消耗量限值及测量方法》（JT719）的要求。

2. 专用车辆其他要求。

（1）车辆为企业自有，且数量为5辆以上；

（2）核定载质量在1吨及以下的车辆为厢式或者封闭货车；

（3）车辆配备满足在线监控要求，且具有行驶记录仪功能的卫星定位系统。

3. 设备要求。

（1）配备有效的通讯工具；

（2）配备必要的辐射防护用品和依法经定期检定合格的监测仪器。

（二）有符合要求的从业人员。

1. 专用车辆的驾驶人员取得相应机动车驾驶证，年龄不超过60周岁；

2. 从事放射性物品道路运输的驾驶人员、装卸管理人员、押运人员经所在地设区的市级人民政府交通运输主管部门考试合格，取得注明从业资格类别为"放射性物品道路运输"的道路运输从业资格证（以下简称道路运输从业资格证）；

3. 有具备辐射防护与相关安全知识的安全管理人员。

（三）有健全的安全生产管理制度。

1. 有关安全生产应急预案；

2. 从业人员、车辆、设备及停车场地安全管理制度；

3. 安全生产作业规程和辐射防护管理措施；

4. 安全生产监督检查和责任制度。

第八条 生产、销售、使用或者处置放射性物品的单位（含在放射性废物收贮过程中的从事放射性物品运输的省、自治区、直辖市城市放射性废物库营运单位），符合下列条件的，可以使用自备专用车辆从事为本单位服务的非经营性放射性物品道路运输活动：

（一）持有有关部门依法批准的生产、销售、使用、处置放射性物品的有效证明；

（二）有符合国家规定要求的放射性物品运输容器；

（三）有具备辐射防护与安全防护知识的专业技术人员；

（四）具备满足第七条规定条件的驾驶人员、专用车辆、设备和安全生产管理制度，但专用车辆的数量可以少于5辆。

第九条 国家鼓励技术力量雄厚、设备和运输条件好的生产、销售、使用或者处置放射性物品的单位按照第八条规定的条件申请从事非经营性放射性物品道路运输。

第十条 申请从事放射性物品道路运输经营的企业，应当向所在地设区的市级道路运输管理机构提出申请，并提交下列材料：

（一）《放射性物品道路运输经营申请表》，包括申请人基本信息、拟申请运输的放射性物品范围（类别或者品名）等内容；

（二）企业负责人身份证明及复印件，经办人身份证明及复印件和委托书；

（三）证明专用车辆、设备情况的材料，包括：

1. 未购置车辆的，应当提交拟投入车辆承诺书。内容包括拟购车辆数量、类型、技术等级、总质量、核定载质量、车轴数以及车辆外廓尺寸等有关情况；

2. 已购置车辆的，应当提供车辆行驶证、车辆技术等级证书或者车辆技术检测合格证及复印件等有关材料；

3. 对辐射防护用品、监测仪器等设备配置情况的说明材料。

（四）有关驾驶人员、装卸管理人员、押运人员的道路运输从业资格证及复印件，驾驶人员的驾驶证及复印件，安全管理人员的工作证明；

（五）企业经营方案及相关安全生产管理制度文本。

第十一条　申请从事非经营性放射性物品道路运输的单位，向所在地设区的市级道路运输管理机构提出申请时，除提交第十条第（三）项、第（五）项规定的材料外，还应当提交下列材料：

（一）《放射性物品道路运输申请表》，包括申请人基本

信息、拟申请运输的放射性物品范围（类别或者品名）等内容；

（二）单位负责人身份证明及复印件，经办人身份证明及复印件和委托书；

（三）有关部门依法批准生产、销售、使用或者处置放射性物品的有效证明；

（四）放射性物品运输容器、监测仪器检测合格证明；

（五）对放射性物品运输需求的说明材料；

（六）有关驾驶人员的驾驶证、道路运输从业资格证及复印件；

（七）有关专业技术人员的工作证明，依法应当取得相关从业资格证件的，还应当提交有效的从业资格证件及复印件。

第十二条　设区的市级道路运输管理机构应当按照《道路运输条例》和《交通运输行政许可实施程序规定》以及本规定规范的程序实施行政许可。

决定准予许可的，应当向被许可人作出准予行政许可的书面决定，并在 10 日内向放射性物品道路运输经营申请人发放《道路运输经营许可证》，向非经营性放射性物品道路运输申请人颁发《放射性物品道路运输许可证》。决定不予许可的，应当书面通知申请人并说明理由。

第十三条　对申请时未购置专用车辆，但提交拟投入车辆承诺书的，被许可人应当自收到《道路运输经营许可证》或者《放射性物品道路运输许可证》之日起半年内落实拟投入车辆承诺书。做出许可决定的道路运输管理机构对被许可人落实拟投入车辆承诺书的落实情况进行核实，符合许可要求的，应当为专用车辆配发《道路运输证》。

对申请时已购置专用车辆，且按照第十条、第十一条规定提交了专用车辆有关材料的，做出许可决定的道路运输管理机构应当对专用车辆情况进行核实，符合许可要求的，应当在向被许可人颁发《道路运输经营许可证》或者《放射性物品道路运输许可证》的同时，为专用车辆配发《道路运输证》。

做出许可决定的道路运输管理机构应当在《道路运输证》有关栏目内注明允许运输放射性物品的范围（类别或者品名）。对从事非经营性放射性物品道路运输的，还应当在《道路运输证》上加盖"非经营性放射性物品道路运输专用章"。

第十四条　放射性物品道路运输企业或者单位终止放射性物品运输业务的，应当在终止之日30日前书面告知做出原许可决定的道路运输管理机构。属于经营性放射性物品道路运输业务的，做出原许可决定的道路运输管理机构应当在接到书面告知之日起10日内向将放射性道路运输企业终止放射性物品运输业务的有关情况向社会公布。

放射性物品道路运输企业或者单位应当在终止放射性物品运输业务之日起10日内将相关许可证件缴回原发证机关。

第三章　专用车辆、设备管理

第十五条　放射性物品道路运输企业或者单位应当按照

有关车辆及设备管理的标准和规定，维护、检测、使用和管理专用车辆和设备，确保专用车辆和设备技术状况良好。

第十六条 设区的市级道路运输管理机构应当按照《道路货物运输及站场管理规定》的规定定期对专用车辆是否符合第七条、第八条规定的许可条件进行审验，每年审验一次。

第十七条 设区的市级道路运输管理机构应当对监测仪器定期检定合格证明和专用车辆投保危险货物承运人责任险情况进行检查。检查可以结合专用车辆定期审验的频率一并进行。

第十八条 禁止使用报废的、擅自改装的、检测不合格的或者其他不符合国家规定要求的车辆、设备从事放射性物品道路运输活动。

第十九条 禁止专用车辆用于非放射性物品运输，但集装箱运输车（包括牵引车、挂车）、甩挂运输的牵引车以及运输放射性药品的专用车辆除外。

按照本条第一款规定使用专用车辆运输非放射性物品的，不得将放射性物品与非放射性物品混装。

第四章 放射性物品运输

第二十条 道路运输放射性物品的托运人（以下简称托运人）应当制定核与辐射事故应急方案，在放射性物品运输中采取有效的辐射防护和安全保卫措施，并对放射性物品运输中的核与辐射安全负责。

第二十一条 道路运输放射性物品的承运人（以下简称承运人）应当取得相应的放射性物品道路运输资质，并对承运事项是否符合本企业或者单位放射性物品运输资质许可的运输范围负责。

第二十二条 非经营性放射性物品道路运输单位应当按照《放射性物品运输安全管理条例》、《道路运输条例》和本规定的要求履行托运人和承运人的义务，并负相应责任。

非经营性放射性物品道路运输单位不得从事放射性物品道路运输经营活动。

第二十三条 承运人与托运人订立放射性物品道路运输合同前，应当查验、收存托运人提交的下列材料：

（一）运输说明书，包括放射性物品的品名、数量、物理化学形态、危害风险等内容；

（二）辐射监测报告，其中一类放射性物品的辐射监测报告由托运人委托有资质的辐射监测机构出具；二、三类放射性物品的辐射监测报告由托运人出具；

（三）核与辐射事故应急响应指南；

（四）装卸作业方法指南；

（五）安全防护指南。

托运人将本条第一款第（四）项、第（五）项要求的内容在运输说明书中一并作出说明的，可以不提交第（四）项、第（五）项要求的材料。

托运人提交材料不齐全的，或者托运的物品经监测不符合国家放射性物品运输安全标准的，承运人不得与托运人订立放射性物品道路运输合同。

第二十四条　一类放射性物品启运前，承运人应当向托运人查验国务院核安全主管部门关于核与辐射安全分析报告书的审批文件以及公安部门关于准予道路运输放射性物品的审批文件。

二、三类放射性物品启运前，承运人应当向托运人查验公安部门关于准予道路运输放射性物品的审批文件。

第二十五条　托运人应当按照《放射性物质安全运输规程》（GB11806）等有关国家标准和规定，在放射性物品运输容器上设置警示标志。

第二十六条　专用车辆运输放射性物品过程中，应当悬挂符合国家标准《道路危险货物运输车辆标志》（GB13392）要求的警示标志。

第二十七条　专用车辆不得违反国家有关规定超载、超限运输放射性物品。

第二十八条　在放射性物品道路运输过程中，除驾驶人员外，还应当在专用车辆上配备押运人员，确保放射性物品处于押运人员监管之下。运输一类放射性物品的，承运人必要时可以要求托运人随车提供技术指导。

第二十九条　驾驶人员、装卸管理人员和押运人员上岗时应当随身携带道路运输从业资格证，专用车辆驾驶人员还应当随车携带《道路运输证》。

第三十条　驾驶人员、装卸管理人员和押运人员应当按照托运人所提供的资料了解所运输的放射性物品的性质、危害特性、包装物或者容器的使用要求、装卸要求以及发生突发事件故时的处置措施。

第三十一条 放射性物品运输中发生核与辐射事故的，承运人、托运人应当按照核与辐射事故应急响应指南的要求，结合本企业安全生产应急预案的有关内容，做好事故应急工作，并立即报告事故发生地的县级以上人民政府环境保护主管部门。

第三十二条 放射性物品道路运输企业或者单位应当聘用具有相应道路运输从业资格证的驾驶人员、装卸管理人员和押运人员，并定期对驾驶人员、装卸管理人员和押运人员进行运输安全生产和基本应急知识等方面的培训，确保驾驶人员、装卸管理人员和押运人员熟悉有关安全生产法规、标准以及相关操作规程等业务知识和技能。

放射性物品道路运输企业或者单位应当对驾驶人员、装卸管理人员和押运人员进行运输安全生产和基本应急知识等方面的考核；考核不合格的，不得从事相关工作。

第三十三条 放射性物品道路运输企业或者单位应当按照国家职业病防治的有关规定，对驾驶人员、装卸管理人员和押运人员进行个人剂量监测，建立个人剂量档案和职业健康监护档案。

第三十四条 放射性物品道路运输企业或者单位应当投保危险货物承运人责任险。

第三十五条 放射性物品道路运输企业或者单位不得转让、出租、出借放射性物品道路运输许可证件。

第三十六条　县级以上道路运输管理机构应当督促放射性物品道路运输企业或者单位对专用车辆、设备及安全生产制度等安全条件建立相应的自检制度，并加强监督检查。

县级以上道路运输管理机构工作人员依法对放射性物品道路运输活动进行监督检查的，应当按照劳动保护规定配备必要的安全防护设备。

第五章　法律责任

第三十七条　拒绝、阻碍道路运输管理机构依法履行放射性物品运输安全监督检查，或者在接受监督检查时弄虚作假的，由县级以上道路运输管理机构责令改正，处1万元以上2万元以下的罚款；构成违反治安管理行为的，交由公安机关依法给予治安管理处罚；构成犯罪的，依法追究刑事责任。

第三十八条　违反本规定，未取得有关放射性物品道路运输资质许可，有下列情形之一的，由县级以上道路运输管理机构责令停止运输，有违法所得的，没收违法所得，处违法所得2倍以上10倍以下的罚款；没有违法所得或者违法所得不足2万元的，处3万元以上10万元以下的罚款。构成犯罪的，依法追究刑事责任：

（一）无资质许可擅自从事放射性物品道路运输的；

（二）使用失效、伪造、变造、被注销等无效放射性物品道路运输许可证件从事放射性物品道路运输的；

（三）超越资质许可事项，从事放射性物品道路运输的；

（四）非经营性放射性物品道路运输单位从事放射性物品道路运输经营的。

第三十九条 违反本规定，放射性物品道路运输企业或者单位未按规定维护和检测专用车辆的，由县级以上道路运输管理机构责令改正，处 1000 元以上 5000 元以下的罚款。

第四十条 违反本规定，放射性物品道路运输企业或者单位擅自改装已取得《道路运输证》的专用车辆的，由县级以上道路运输管理机构责令改正，处 5000 元以上 2 万元以下的罚款。

第四十一条 违反本规定，未随车携带《道路运输证》的，由县级以上道路运输管理机构责令改正，对放射性物品道路运输企业或者单位处警告或者 20 元以上 200 元以下的罚款。

第四十二条 放射性物品道路运输活动中，由不符合本规定第七条、第八条规定条件的人员驾驶专用车辆的，由县级以上道路运输管理机构责令改正，处 200 元以上 2000 元以下的罚款；构成犯罪的，依法追究刑事责任。

第四十三条 违反本规定，放射性物品道路运输企业或者单位有下列行为之一，由县级以上道路运输管理机构责令限期投保；拒不投保的，由原许可的设区的市级道路运输管理机构吊销《道路运输经营许可证》或者《放射性物品道路运输许可证》，或者在许可证件上注销相应的许可范围：

（一）未投保危险货物承运人责任险的；

（二）投保的危险货物承运人责任险已过期，未继续投保的。

第四十四条　违反本规定，放射性物品道路运输企业或者单位非法转让、出租放射性物品道路运输许可证件的，由县级以上道路运输管理机构责令停止违法行为，收缴有关证件，处 2000 元以上 1 万元以下的罚款；有违法所得的，没收违法所得。

第四十五条　违反本规定，放射性物品道路运输企业或者单位已不具备许可要求的有关安全条件，存在重大运输安全隐患的，由县级以上道路运输管理机构责令限期改正；在规定时间内不能按要求改正且情节严重的，由原许可机关吊销《道路运输经营许可证》或者《放射性物品道路运输许可证》，或者在许可证件上注销相应的许可范围。

第四十六条　县级以上道路运输管理机构工作人员在实施道路运输监督检查过程中，发现放射性物品道路运输企业或者单位有违规情形，且按照《放射性物品运输安全管理条例》等有关法律法规的规定，应当由公安部门、核安全监管部门或者环境保护等部门处罚情形的，应当通报有关部门依法处理。

第六章　附　　则

第四十七条　军用放射性物品道路运输不适用于本规定。

第四十八条　本规定自 2011 年 1 月 1 日起施行。

图书在版编目（CIP）数据

放射性物品运输安全管理条例释义/国务院法制办公室农林城建资源环保法制司，环境保护部政法司，环境保护部辐射源安全监管司编著．—北京：中国法制出版社，2013.2

ISBN 978 - 7 - 5093 - 4227 - 5

Ⅰ.①放… Ⅱ.①国… ②环… ③环… Ⅲ.①放射性物质 - 危险货物运输 - 安全管理 - 条例 - 法律解释 - 中国 Ⅳ.①D922.145

中国版本图书馆 CIP 数据核字（2012）第 315762 号

策划编辑　袁笋冰　　责任编辑　袁笋冰　　封面设计　李　宁

放射性物品运输安全管理条例释义
FANGSHEXING WUPIN YUNSHU ANQUAN GUANLI TIAOLI SHIYI

编著/国务院法制办公室农林城建资源环保法制司，环境保护部政法司，
　　辐射源安全监管司
经销/新华书店
印刷/河北省三河市汇鑫印务有限公司
开本/850×1168 毫米 32　　　　　　　　印张/10.25　字数/197 千
版次/2013 年 2 月第 1 版　　　　　　　　2013 年 2 月第 1 次印刷

中国法制出版社出版
书号 ISBN 978 - 7 - 5093 - 4227 - 5　　　　　　　定价：35.00 元

北京西单横二条 2 号　邮政编码 100031　　　　　　传真：66031119
网址：http：//www.zgfzs.com　　　　　　编辑部电话：66066627
市场营销部电话：66017726　　　　　　　　　邮购部电话：66033288